やさしく編んで、おしゃれを楽しむ

かぎ針編みの素敵ニット

成美堂出版

CONTENTS

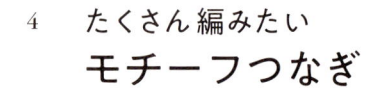

Elegant Knitted fabric
○ ○ ○ ○ ○ ○ ○ ○ ○ ○ ○ ○ ○ ○ ○ ○

Motif Crochet
○ ○ ○ ○ ○ ○ ○ ○ ○ ○ ○

Crochet Alan
○ ○ ○ ○ ○ ○ ○ ○ ○ ○

Easy Straight Knit
○ ○ ○ ○ ○ ○ ○ ○ ○ ○ ○ ○ ○

Jacket & Vest
○ ○ ○ ○ ○ ○ ○ ○ ○ ○

たくさん編みたい ○○○○○○
モチーフつなぎ

1...

2種類のモチーフで構成した花モチーフつなぎ。作品1〜3は同じモチーフつなぎですが、段染め、単色、配色糸の違いで編み上がりの印象が変わります。糸選びの参考にもしてください。

デザイン_岡本啓子
製作_小出英子

編み方 50ページ

2...

飽きずに長く着たい一枚だから、風合いのソフトなオフホワイトの上質糸で編み上げたレイヤードプル。合わせるインナーの色合いでモチーフの表情が変わります。

デザイン_岡本啓子
製作_宮崎満子
使用糸_アトリエ K'sK カシミヤラテ

編み方 50ページ

3...

作品1・2と同じモチーフ柄ですが、モチーフの中央部分を配色糸で編むと、花モチーフが雪の結晶柄にも見えるから不思議です。袖とえりぐり、裾を棒針編みで仕上げた着やすいジョイントニット。

デザイン_岡本啓子
製作_野呂順子
使用糸_アトリエK'sK カシミヤラテ

編み方 50ページ

4...

ベージュと茶色の2色使い
のチュニックベスト。段数に
より配色の仕方を変えること
で2色使いに動きを持たせて
いる楽しいデザイン。ナチュ
ラルカラーの組み合わせやす
さも魅力です。

デザイン_岡本啓子
製作_小林則子

編み方 54ページ

5...

花びらの中央は3色使いに、ベースカラーは各色を効果的に際立たせるグレー
でまとめたカーディガン。共糸のくるみボタンのあしらいもキュートです。

デザイン_岡本啓子　製作_宮崎満子　使用糸_ダイヤモンド毛糸　ダイヤタスマニアンメリノ

編み方 54ページ

6...

可憐な花で埋め尽くした花
モチーフつなぎ。えりぐりと
袖口、裾は棒針編みで仕上げ
ています。裾は前後で長さを
変えてスタイリッシュに。

デザイン_岡本啓子
製作_小林則子

編み方 54ページ

7...

身頃中央と裾、袖山に配した花モチーフと、繊細な透かし模様が美しく浮き立つナチュラルベージュのプル。スタイリングの豊富さと着る人の個性に馴染むベーシックさが魅力です。

デザイン_河合真弓
使用糸_ダイヤモンド毛糸
　　　　ダイヤドミナ〈ノーム〉

編み方 60ページ

8...

身頃中央に配した花モチーフポイントで、たてラインのスリム効果がある
嬉しいデザイン。光沢のある多色グラデーションの美しい段染め糸も素敵です。

デザイン_河合真弓　　使用糸_ダイヤモンド毛糸　ダイヤジョリー　　編み方 60ページ

9.

大胆なスクエアモチーフつなぎのカジュアルプル。糸は廃棄されるはずの原料を再利用したリサイクルウールに、シルクネップを組み合わせてニュアンスある糸味を表現した、環境に優しい素材です。

デザイン_柴田 淳
使用糸_ニッケビクター毛糸 ニッケ フレック

編み方 64ページ

10...

作品9と基本は同じ編み方で
すが、縁編みをネット編みにし
て優しい表情に仕上げたプル。
つなぎ合わせるとダイヤ柄が浮
き立つモチーフ模様が魅力。

デザイン_柴田 淳
使用糸_ニッケビクター毛糸
　　　　ニッケ フレック

編み方 64ページ

詳しい編み方
16ページ

11...

ボートネックに裾のスリットあき、七分袖というシャープなフォルムのチュニック。袖には花モチーフをさりげなく配して、優しい雰囲気に仕上げます。

デザイン＿風工房

編み方 68ページ

12...

身頃の可憐な模様編みと袖の花モチーフの組み合わせ方が、おしゃれな印象の一枚。ナチュラルツイードのベージュにシックな黒のバイカラーがポイントです。

デザイン_風工房
使用糸_ダイヤモンド毛糸
　　　　ダイヤアデル、
　　　　ダイヤタスマニアンメリノ

編み方 68ページ

スクエアモチーフつなぎのプル

● 本誌13ページ、作品10の詳しい編み方を解説します。製図は64ページにあります。
● 作品はニッケビクター毛糸 ニッケ フレックの生成りを使用していますが、
　この解説ページでは灰味ピンク(10)を使用しています。またポイントでは別色を使用しています。

用具をそろえる

❶ 7/0号かぎ針
❷ はさみ
❸ とじ針(糸始末用)

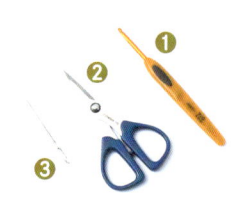

※ 糸のかけ方と針の入れ方は写真のほか「編み目記号と基礎」(P106〜111)も併せて参照してください。

① モチーフを編む

目を作る …… 糸輪の作り目

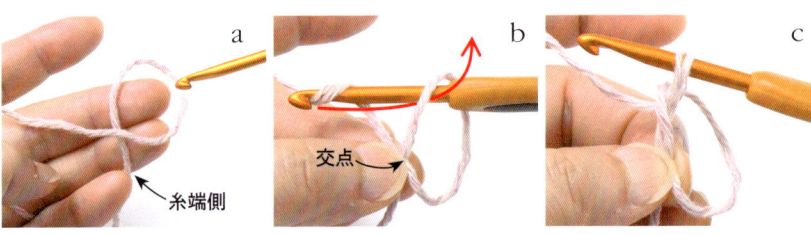

a

交点

糸端側

b

c

1段め

❶ 糸を交差して輪を作ります(a)。左手に糸をかけ、交点を中指と親指で押さえ、針に糸をかけて引き出します(b)。糸輪の作り目ができました(c)。

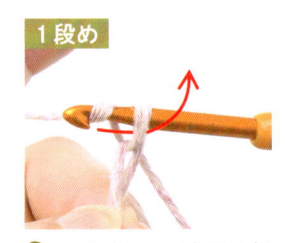

❷ 次に長編みの玉編みを編みます。もう一度針に糸をかけて引き抜きます。

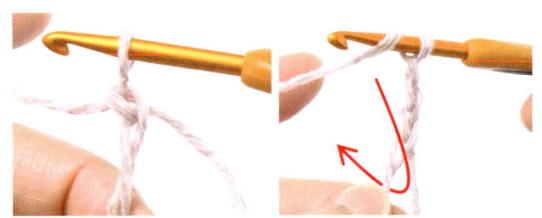

❸ 鎖1目が編めたところ。あと2回糸をかけて引き抜き、立ち上がりの鎖3目を編みます。針に糸をかけ、輪の中に針を入れます。この時、糸端も一緒に持っておきます。

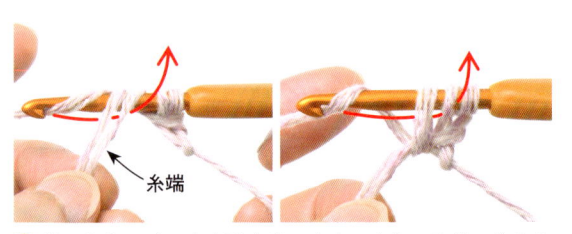

糸端

❹ 針に糸をかけて糸を引き出します。もう一度針に糸をかけて2ループを引き抜きます。

⑤ この状態を未完成の長編みといいます。もう1目未完成の長編みを編みます。❸・❹と同様に輪に針を入れて糸を引き出し、2ループを引き抜きます。

⑥ 2目の未完成の長編みが編めたら、針に糸をかけて針にかかっている3ループを引き抜きます。

⑦ 立ち上がりの鎖を含む長編みの玉編みが編めました。

 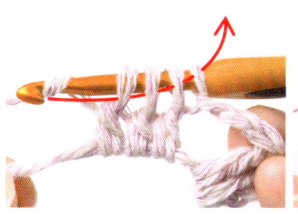 

⑧ 鎖3目を編みます。

⑨ 輪の中に針を入れて未完成の長編みを3目編みます。針にかかっている4ループを引き抜いて長編み3目の玉編みが編めたところ。

⑩ 鎖3目、長編み3目の玉編みをくり返し、細編み手前の鎖2目まで編みます。

  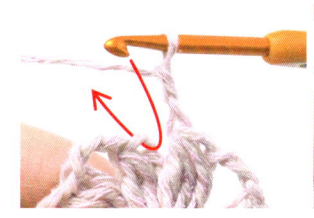

⑪ 糸輪の糸端を引いて輪を引き締めます。

⑫ 中央の輪が縮まりました。

⑬ 次に細編みを編みます。1つめの立ち上がりの鎖を含む長編みの玉編みの頭に針を入れ、糸をかけて糸を引き出します。

⑯ 1段めが編み終わったところ。

⑭ 針に糸をかけて2ループを引き抜きます。

⑮ 細編みが編めました。

2段め a b c

⑰ 立ち上がりの鎖3目を編みます（a）。1段め最後の細編みと鎖編みの下の空間に針を入れ（束に拾う）（b）、未完成の長編みを編みます（c）。

⑱ 同じ位置にもう1目未完成の長編みを編み、針に糸をかけて3ループを引き抜きます。

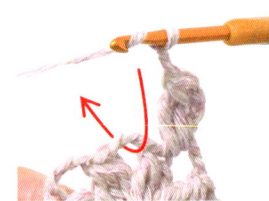
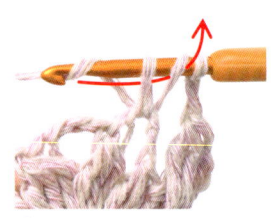

⑲ 立ち上がりの鎖を含む長編みの玉編みが編めました。

⑳ 鎖2目を編みます。次は長編みを編みます。針に糸をかけ、前段の鎖を束に拾って糸を引き出します。

㉑ 針に糸をかけて2ループを引き抜きます。

㉒ さらに針に糸をかけて2ループを引き抜きます。

㉓ 長編みが編めました。同じ位置に長編み1目と鎖2目を編みます。

㉔ 長編み3目の玉編みは前段の鎖を束に拾って編みます。

3 段め

㉕ 記号図どおりに編み、2段めが編めました。

㉖ 2段めと同様に編みますが、前段が長編みの位置は長編みの頭を拾って編みます。

㉗ 同じ要領で6段まで編みます。

7 段め

㉘ 立ち上がりの鎖1目を編み、前段の細編み・鎖を束に拾って細編みを編みます。前段が鎖の位置は束に拾って細編みを編みます。

㉙ 前段が長編みの位置は長編みと長編みの間の空間に針を入れ、細編みを編みます。

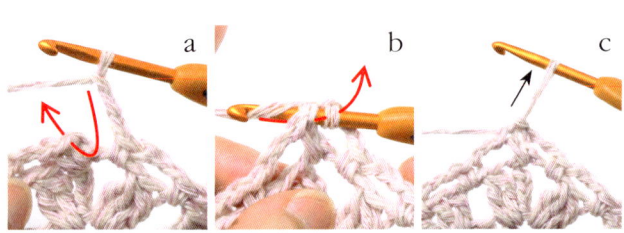

㉚ 7段めの最後は細編みの頭に針を入れ（a）、糸をかけて引き抜きます（b）。糸を切り、針にかかっている目を伸ばして糸端を引き出します（c）。

㉛ モチーフ1枚が完成。

② モチーフをつなぐ

※写真内の数字は各モチーフ番号とつなぐ順番を表示
※写真番号は製図を参照

▶2枚め

❶ モチーフ2は7段めの一辺までモチーフ1と同様に編みます。角で鎖1目編んだらモチーフ1に針を入れます（a）。針に糸をかけて引き抜きます（b）。角で1目つながりました（c）。

❷ 鎖1目、モチーフ2に細編み1目、鎖1目を編みます。

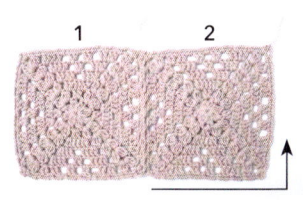

❸ モチーフ1の次の鎖3目に束に針を入れて引き抜きます。

❹ ❷・❸をくり返してモチーフ1とつながったところ。

❺ 続けて残り二辺を編んでモチーフ2が編み終わりました。

▶3枚め角のつなぎ方

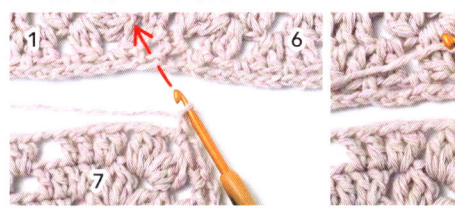

❻ モチーフ2と同じ要領で身頃裾側のモチーフを6枚、輪に編みつないだところ。

❼ モチーフ7はモチーフ6の引き抜き編みの足2本に針を入れ、針に糸をかけて引き抜きます。

▶4枚め角のつなぎ方

❽ モチーフの角が3枚つながりました。続けてモチーフ1と編みつなぎます。

❾ モチーフ8はモチーフ7と編みつなぎ（a）、角はモチーフ2の引き抜き編みの足2本に針を入れて（b）引き抜きます（c）。

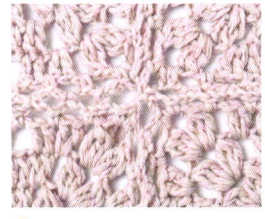

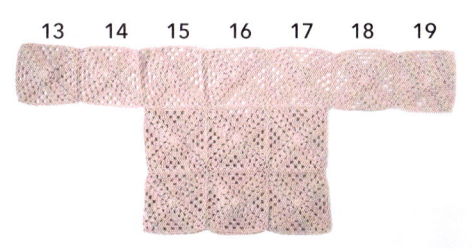

❿ モチーフの角が4枚がつながったところ。

⓫ 同じ要領で12枚を輪に編みつなぎ、脇たけが編めました。

⓬ 同様にモチーフ19まで編みつなぎます。

▶袖下5枚めのつなぎ方

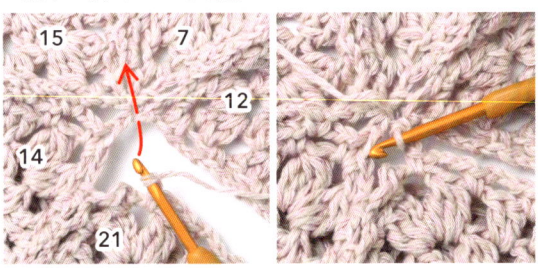

⓭ モチーフ**21**はモチーフ**12**の引き抜き編みの足に引き抜きます。

▶袖下6枚めのつなぎ方

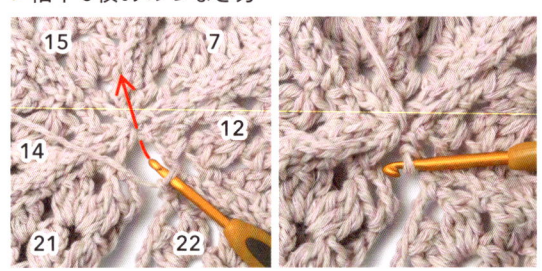

⓮ モチーフ**22**は同様にモチーフ**12**の引き抜き編みの足に引き抜きます。

⓯ 6枚のモチーフがつながりました。左脇も同じ要領でつなぎます。

▶えりぐりをつなぎ残す

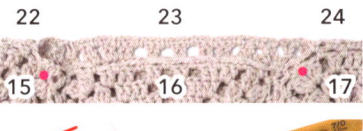

⓰ モチーフ**22**はモチーフ**15**と肩でつなぎますが、えりぐり側の角（●）はつながずに編みます。（モチーフ**24**を編むときもモチーフ**17**のえりぐり側はつなぎ残します。）

⓱ モチーフをすべてつなぎ、身頃・袖が編めました。

③ えりぐりを編む

`1段め`

❶ モチーフ**17**の指定位置に束に針を入れて新たな糸を引き出します（糸をつける）。

❷ 立ち上がりの鎖1目を編み、束に拾って細編みを編みます。

❸ 鎖3目を編み、モチーフ**17**の角に細編みを編みます。

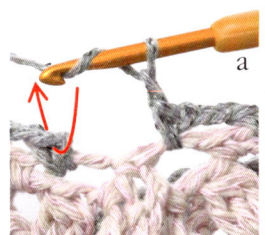

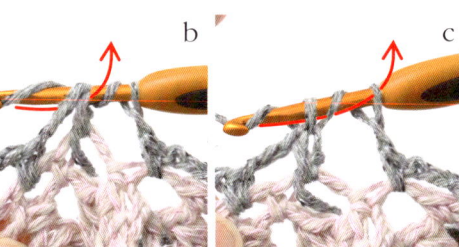

❹ 鎖3目を編み、モチーフ**16**の角に細編みを編みます。鎖3目、細編みをくり返して編みます。

❺ 1段めの最後は鎖1目、中長編みを編みます。鎖1目を編み、針に糸をかけて細編みの頭に針を入れ（a）、さらに針に糸をかけて引き出します（b）。もう一度針に糸をかけて3ループを引き抜きます（c）。

⑥ 中長編みが編めました。

⑦ 立ち上がりの鎖1目を編み、中長編みを束に拾って細編みを編みます。鎖3目、細編みを編みますが、細編みは前段の鎖を束に拾って編みます。

⑧ 編み終わりは目を引き伸ばして糸を切ります。

 a  b  c

⑨ とじ針に糸を通し、(a)の矢印のように細編みの頭2本に針を入れます(b)。最後の鎖の目に針を戻して糸を引きます(c)。

⑩ 編み始めと編み終わりの目がつながりました。

▶ 糸始末をする

⑪ 裏返し、糸が目立たないように足を割って糸をくぐらせます。

⑫ 糸が抜けないように逆向きにもくぐらせて糸を切ります。

⑬ えりぐりが編めました。

④ 裾、袖口を編む

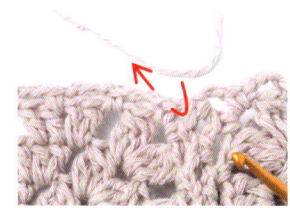

❶ 脇、袖下のそれぞれのモチーフの角に糸をつけます。

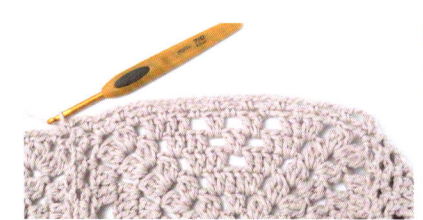

❷ モチーフ7段めのネットを拾い、モチーフ1枚から10山拾ってネット編みを編みます。

（裾）

（袖口）

❸ えりぐりと同じ要領で輪に2段それぞれ編みます。

完成！

❹ 残っている糸端の始末をします。

編み地が輝く ○○○○○○○○
おしゃれニット

13 ○○○

FRONT

BACK

繊細な透かしのリーフ模様が美しく浮き立つカーディガン。前後とも着られる着回し豊富な便利アイテムです。糸は微妙な色変化が、編み地により複雑なニュアンスを加えるグラデーションのストレートヤーン。

デザイン_風工房
使用糸_ダイヤモンド毛糸　ダイヤアンフィニ

編み方 72ページ

14 ...

FRONT

甘いピンクに惹かれるフェミニン仕様の一枚。シンプルに羽織ってカーディガンで着てもいいし、前後を逆にプルオーバーにしても。着方で印象が変わります。

デザイン_風工房
使用糸_ダイヤモンド毛糸　ダイヤミーサ

編み方 72ページ

BACK

15...

鮮やかなワインレッドと
流動感あるたて枠模様がお
しゃれなベスト。着やすい脇
ワンボタンどめのディテール
がアクセントポイントにも
なっています。

デザイン_岡田紗央莉
製作_アトリエ彩

編み方 83ページ

16 ...

シャープな V あきのゆったりベスト。ダイナミック
なたて枠模様とマスタードカラーの段染め糸が描く色
模様が素敵に融合している一枚です。

デザイン_岡田紗央莉　製作_高木嘉久子

`編み方` 83ページ

初心者必見！
かんたんまっすぐ編み

17...

　一見難しそうに見える丸ヨークですが、実は増減なしで編めるまっすぐ編み。しかもとじはぎなしでOKというかんたん仕様。初心者にもおすすめの一枚です。

デザイン_柴田 淳

編み方 76ページ

18 °°°

作品 17 と基本は同じ編み方ですが、丸ヨークのあきを前中央に、裾と袖口にリブ風の縁編みをプラスしています。深みのある多色段染め糸もおしゃれ。

デザイン_柴田 淳

編み方 76ページ

19...

丸ヨークは作品17と同じ左肩のワンショルダーあきのデザイン。裾と袖口は模様編みを生かした編みっぱなし。バイオレットのきれい色にも惹かれます。

デザイン_柴田 淳

編み方 76ページ

20 ○○○

オータムカラーの段染め
糸が大人のおしゃれ感をか
もしだしているプル。前後
差のないデザインなので、
前後逆にも着られます。

デザイン_柴田 淳

編み方 76ページ

21 ...

　2種類の四角い4枚を、向きを変えてはぎ合わせるだけでOKのかんたんベスト。
はじめてのトライにおすすめの一枚です。

デザイン_細野雅子　　**編み方** 80ページ

22 ...

カラフルな色合いが楽しげなショートピッチ段染めで編み上げたベスト。裾と袖口に配したスカラップ風の縁編みもキュートです。

デザイン_細野雅子

(編み方) 80ページ

23 ...

えりぐりはシャープなボートネックの着やすいゆったりベスト。
身頃のパネルに美しいグラデーションで展開する秋色段染めがおしゃれです。

デザイン＿岡田紗央莉　製作＿吉岡美知子
使用糸＿オリムパス　ララ

編み方 86ページ

24...

長袖のプレーンプル。まっすぐ編みです。糸は作品23の色違い。リリアン状のソフトな風合いの段染め糸が創り出す、立体感ある総模様が新鮮。

デザイン_岡田紗央莉
製作_高木嘉久子
使用糸_オリムパス　ララ

編み方 86ページ

かぎ針編みで作る○○○○

アラン模様

25○○○

アラン模様は棒針編みの伝統模様ですが、かぎ針編みでも表現できます。緻密に計算された模様は棒針に負けないおしゃれ感。さりげなく輝くラメ入りのファンシーヤーンで大人の雰囲気に仕上げたチュニックベストです。

デザイン_岡田紗央莉
製作_アトリエ彩

使用糸_ニッケビクター毛糸
　　　　ニッケ シャイニーモヘア

編み方 88ページ

26 ...

編み方 **92ページ**

身頃中央に配した3本の縄編みを、長編みと鎖編みで構成した小さな穴あき模様がくっきりと浮き立たせているプル。軽やかで優しげな印象のアランです。

デザイン_柴田 淳

27...

大小の縄編みにボッブル
を添えた、より立体感ある
アラン模様が目を惹くプル。
アースカラーのミックスグ
リーンの糸味も魅力です。

デザイン_岡田紗央莉
製作_髙橋美和子
使用糸_オリムパス　ツリーハウス プレス

編み方 88ページ

28 ...

カラフルなショートピッチ段染めを使用したキュートなベスト。ナチュラルカラーの多いアラン模様ですが、明るく楽しげな糸で表現するのも新鮮です。

デザイン_柴田 淳

編み方 92ページ

ゴールドラメがさりげなく
輝くおしゃれなモヘア混の糸
で、大人仕様に編み上げた縄
編みプル。着心地はとっても
ソフトで軽やか。フェミニン
コーデも似合いそう。

デザイン_柴田 淳
使用糸_ニッケビクター毛糸
　　　　ニッケ シャイニーモヘア

編み方 92ページ

29...

着心地のいい
ジャケット＆ベスト

30...

マニッシュなテーラード・カラーのプレーンジャケット。着回し抜群のチャコールグレーでカチッと編み上げますが、ニットジャケットだから着心地はソフト。身頃は長編み、裾と前立て、えりはうね編みです。

デザイン_河合真弓

編み方 96ページ

31...

ほっこりとした風合いの起毛糸で仕上げたソフトジャケット。
着こなしの効き色にもなる鮮やかなからし色の色調が魅力です。

デザイン_河合真弓　　編み方　96ページ

32...

マニッシュなテーラード
を赤ベースの段染め糸で、
スタイリッシュな印象に編
み上げたチュニックベスト。
打ち合い三つボタンのあし
らい方もおしゃれです。

デザイン_河合真弓

編み方 96ページ

33...

　きちんとしたジャケット感覚に着こなせて、着心地のソフトさが持ち味のニットジャケット。ボタンのとめ方でえりの表情が変わります。長く着たい一枚だから、風合いのいい上質糸を選んで。

デザイン_大田真子
使用糸_ニッケビクター毛糸
　　　　ニッケ シルクテイスト

編み方 101ページ

34 ○○○

サーモンピンクの色合い
と細めの幅の打ち合いがソ
フトな印象のポケットつき
の一枚。繊細な透かしのブ
ロック模様もおしゃれです。

デザイン＿大田真子
使用糸＿ニッケビクター毛糸
　　　　ニッケ シャイニーモヘア

編み方 101ページ

「かんたんなサイズ調整の仕方」

　作品の製図サイズを大きくしたり小さくしたい場合は、表示の身頃や袖幅を製図上で計算し直したり、1模様の目数を調整して変更しますが、それは少しテクニックが必要になります。指定のサイズよりワンランクから2サイズくらいまでなら、糸と針だけを変えて調整する方法をおすすめします。これなら初心者でもかんたん。下記の編み地の大きさの違いを参考にしてください。

● 針の太さで調整する

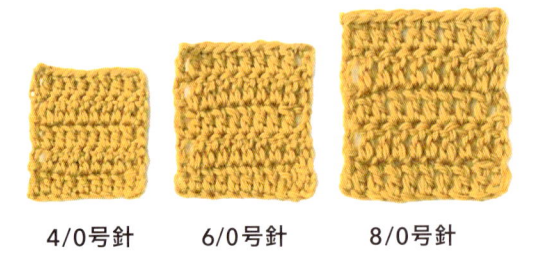

4/0号針　　　6/0号針　　　8/0号針

糸は同じで、針の太さを前後2号を限度にかえるだけでサイズ調整ができます。サイズを大きくしたいときは表示より太い針、小さくしたいときは細い針で編みます。

※ 左の3点の編み地は、同じ目数段数で針の号数をかえて編んでいますが、ご覧のように仕上がりサイズが変わります。

● 糸の太さで調整する

合太　　　　並太　　　　極太

糸の太さを変えるだけでもサイズ調整ができます。作品に表示してある糸の太さ（中細・並太タイプなど）とゲージを目安に糸を選びます。サイズを大きくしたいときは太め、サイズを小さくしたいときは細めの糸を使用し、針は糸に合わせた号数を選びます。

※ 左の3点の編み地は、同じ目数段数で糸の太さをかえて編んでいますが、ご覧のように仕上がりサイズが変わります。

● 針の太さ、糸の太さで調整した編み地3タイプ

（並太タイプ）　　　　　　（中細タイプ）

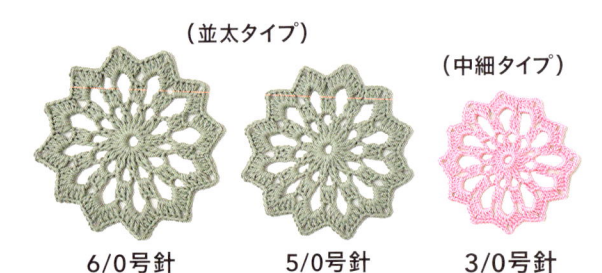

6/0号針　　　5/0号針　　　3/0号針

同じモチーフ柄を糸の太さ、針の太さを変えて調整してみた編み地です。

※ 糸と針だけをかえてサイズ調整する方法の注意点は、それぞれ全体的に寸法が変わってきますので、身幅、着たけ、袖たけの仕上がり寸法に注意してください。

作品の作り方

- この本では、編み方図を見やすくするために、図の途中での
  糸をつける・糸を切る（◁・◀）記号を省略している所があります。

- 新しい色にかえる場合は、編み終わりの糸は糸始末分を残して切り
  新しい糸をつけて編んでください。
  また、2・3段ごとにくり返して編む色の場合は
  糸は切らずにいったん編み地の向こう側に糸を置いて休めておき
  編む段でその糸を引き上げて（糸がたてに渡る）編んでください。

- 糸端の始末は、裏で同色系の編み目にくぐらせて始末をします。

- 本誌は、先に出版した本の人気作品をまとめた一冊のため
  糸名を表記していない作品は、使用した糸がすでに廃番になっています。
  その場合は、作品と同じ糸の太さとタイプを表記しているので
  表記と同タイプの糸を選ぶと、仕上がり寸法がほぼ同じになります。
  また、糸はあっても色が廃色になっているものは
  近い色に変更してください。

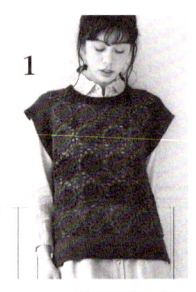

作品 ① ② ③ 4・5・6 ページ

材料と用具 ...

糸／**1** 並太タイプのストレートヤーン（50g巻・約240m）のワイン系段染めを170g

2 アトリエK'sK　カシミヤラテ（50g巻・約140m…並太タイプ）の105（オフホワイト）を410g（9玉）

3 アトリエK'sK　カシミヤラテ（50g巻・約140m…並太タイプ）の417（紺）を330g（7玉）、700（グレー）を190g（4玉）

針／**1**　6/0号かぎ針　4号2本・4本棒針
2　6/0号かぎ針　5号4本棒針
3　6/0号かぎ針　4号・6号4本棒針

ゲージ 10cm四方 ...

1・2・3共通　モチーフ1枚　図参照
3　メリヤス編み 19目28段

でき上がり寸法 ...

1　胸回り 102cm
　着たけ 59.5cm　ゆきたけ 25.5cm
2　胸回り 102cm
　着たけ 51.5cm　ゆきたけ 43cm
3　胸回り 102cm
　着たけ 54cm　ゆきたけ 70.5cm

編み方要点 ...

● モチーフは糸輪の作り目で編みますが、**3**は配色で編みます。

● 製図・つなぎ方を参照し、2枚めからはA・Eモチーフは3段めで、B・C・D・Fモチーフは編みながら隣り合うモチーフと引き抜き編みでつなぎます。

● **1**は裾と袖をそれぞれ1目ゴム編みで往復編み、えりを輪に編んで1目ゴム編みどめにします。袖の前、後ろ袖下を身頃にすくいとじでつけます。

● **2**はえりをガーター編みで輪に編んで伏せどめます。裾と袖口に縁編みを編みます。

● **3**の袖は前後身頃の袖ぐりから目を拾い、メリヤス編みで輪に編み、袖口は1目ゴム編みを編んで1目ゴム編みどめにします。裾とえりをそれぞれ1目ゴム編みで輪に編み、1目ゴム編みどめにします。

2 前後身頃 モチーフつなぎ（6/0号針）　●作品 **1**・**3** の製図は52ページにあります

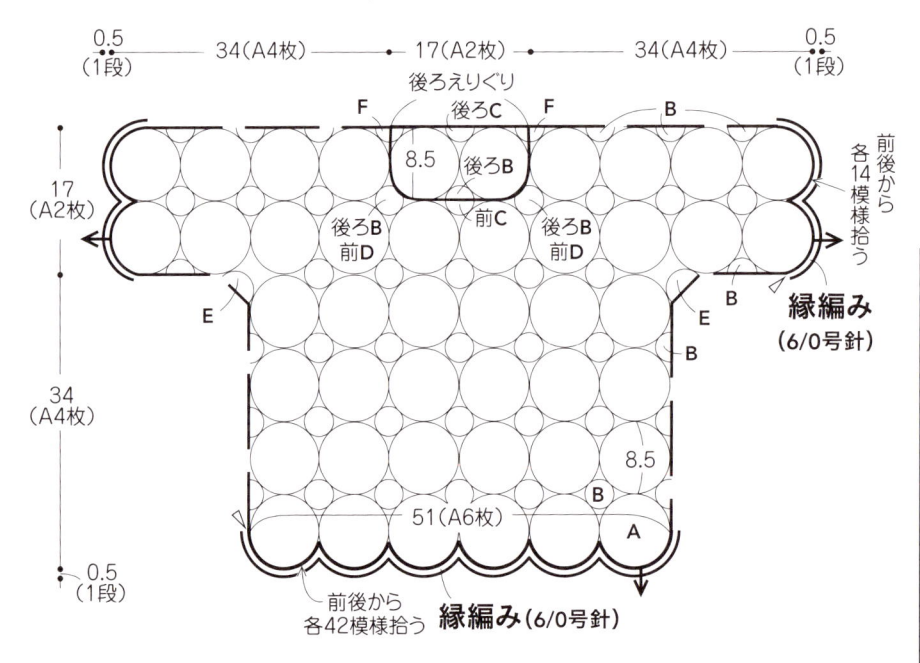

記号の編み方は「編み目記号と基礎」を参照してください

〰 ＝鎖編み
✕ ＝細編み
Ⴕ ＝長編み
⊕ ＝長編み2目の玉編み
• ＝引き抜き編み
▯ ＝表目
▭ ＝裏目
🞪 ＝右上2目一度

■ 文字の赤色は**1**、あずき色は**2**、灰色は**3**、黒は共通です

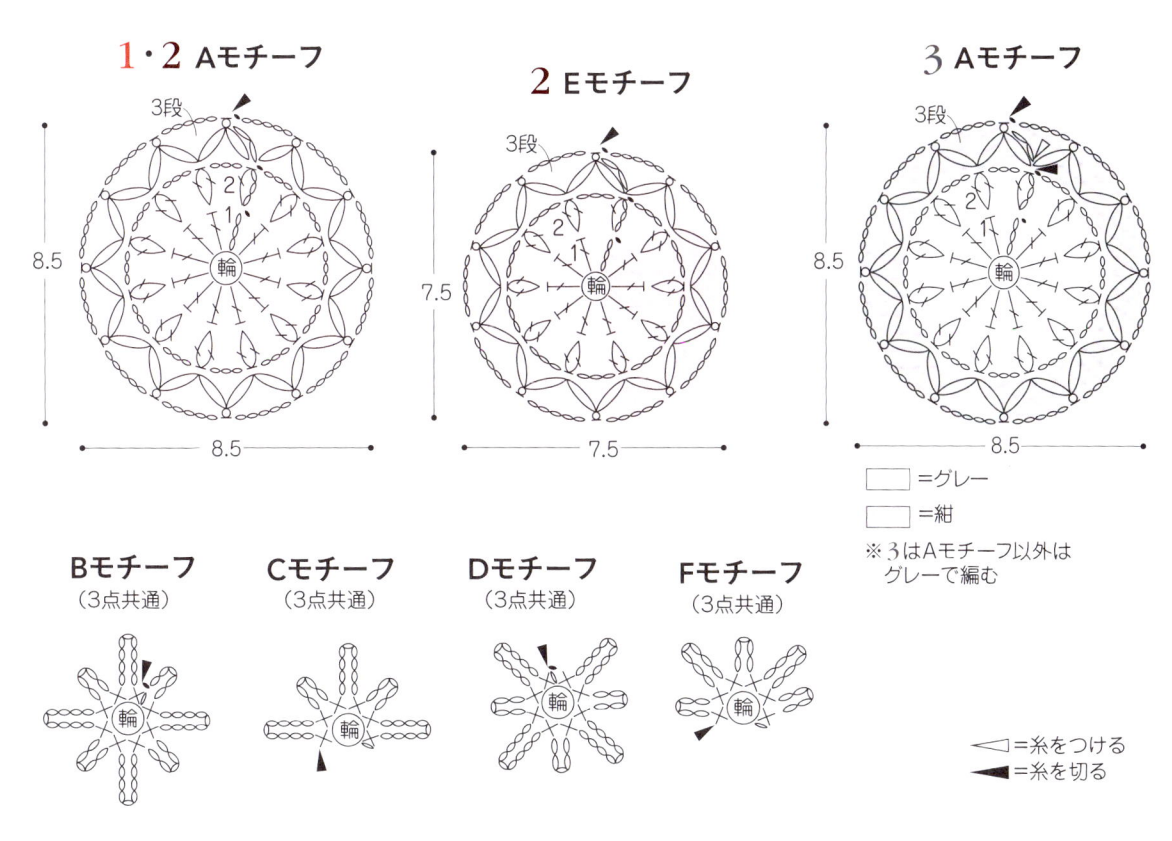

1・2 Aモチーフ

3段
8.5
8.5

2 Eモチーフ

3段
7.5
7.5

3 Aモチーフ

3段
8.5
8.5

□ =グレー
□ =紺

※ 3はAモチーフ以外は
グレーで編む

Bモチーフ
（3点共通）

Cモチーフ
（3点共通）

Dモチーフ
（3点共通）

Fモチーフ
（3点共通）

◁ =糸をつける
◀ =糸を切る

 =中長編み2目の
変わり玉編み2目一度

編み方

① 前段の長編み2目の玉編みの頭に針に糸をかけて
　引き出すことを 2回くり返す
② 続けて次の長編み2目の玉編みの頭にも針に糸をかけて
　引き出すことを2回くり返す
③ 針に糸をかけて針にかかっている8ループ（1目残す）を引き抜く
④ 針に糸をかけて残りの2ループを引き抜く

1・2・3 モチーフのつなぎ方

（3点共通）

2 Eモチーフのつなぎ方

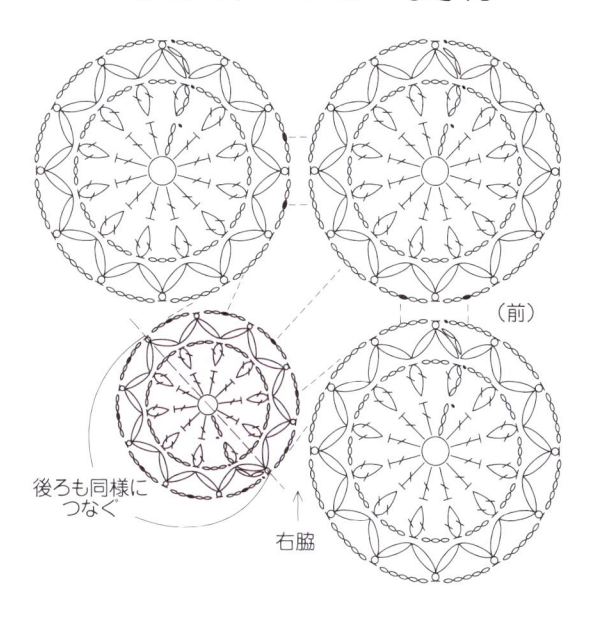

（前）

後ろも同様に
つなぐ

右脇

◆作品1・3の製図は同時に表示してあります。半身ずつの表示となっていますので、左右対称に編みます。確認してから編み始めてください。

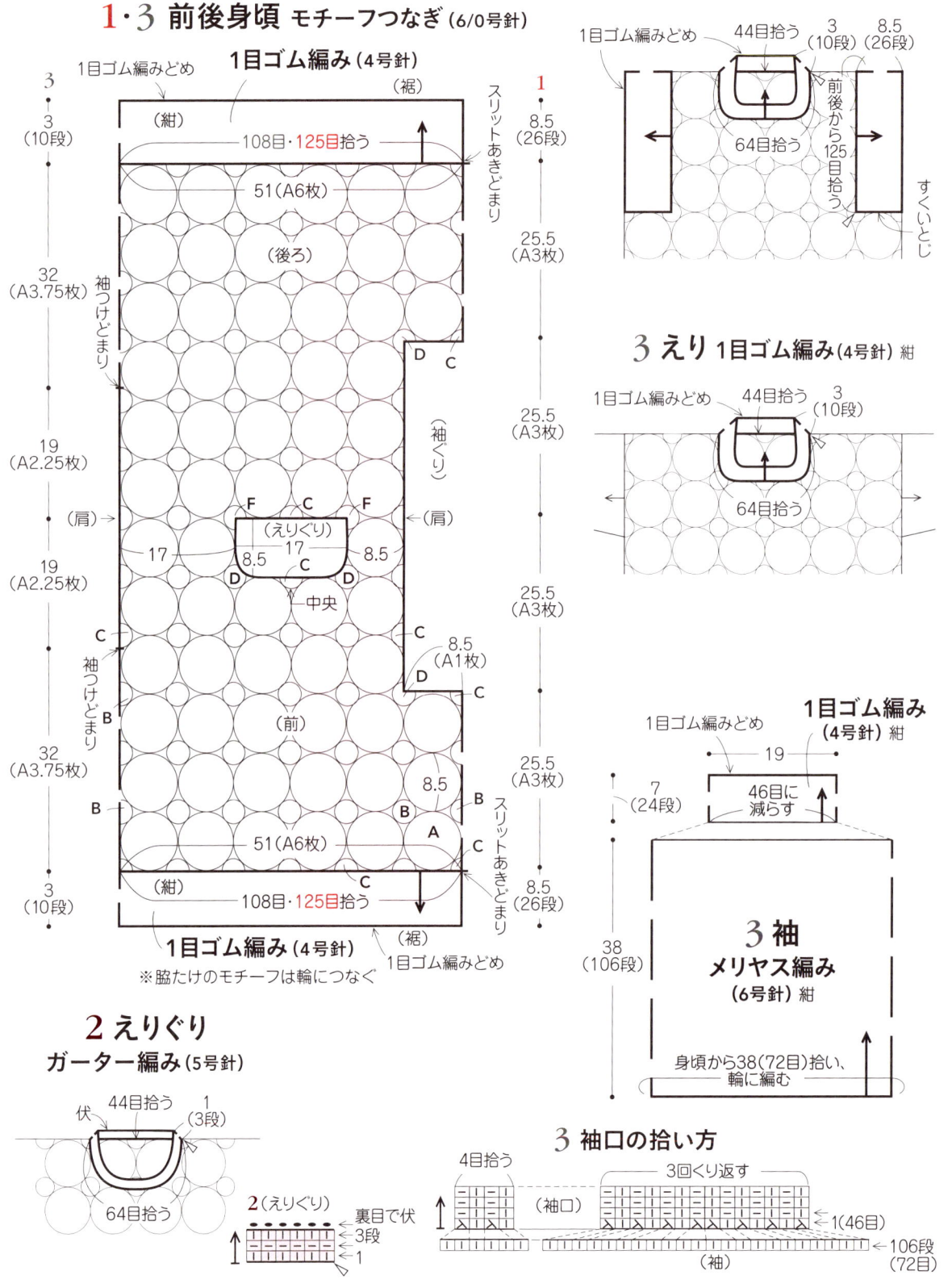

1・3 前後身頃 モチーフつなぎ (6/0号針)

1 えり、袖 1目ゴム編み (4号針)

3 えり 1目ゴム編み (4号針) 紺

2 えりぐり
ガーター編み (5号針)

3 袖 メリヤス編み (6号針) 紺

1目ゴム編み (4号針) 紺

3 袖口の拾い方

■文字の赤色は1、あずき色は2、灰色は3、黒は共通です

1・3 1目ゴム編み

えり、3の裾、袖口
編み終わり

1(裾、袖口 ←
えり、3(裾、袖口) ←

1(裾、袖口 →
1 →

えり、3(裾、袖口)
編み始め

※1段めは拾い方を参照
※えり、3の裾、袖口は輪に編む

2 縁編み（裾、袖口）

1段

1模様

1・3 袖の拾い方

3（メリヤス編み）
1（1目ゴム編み）

◁ =かけ目
● ● =袖の拾い目位置

3
1

袖のとじ目

肩

※ 1 は肩のCモチーフを除いて対称に拾う
3 は肩を境に対称に拾う

1・3 えり、2 えりぐりの拾い方

1・3（1目ゴム編み）
2（ガーター編み）

● =えり、えりぐりの
拾い目位置
△ =かけ目

肩
（後ろ）
（えりぐり）
（前）
肩

1・3 裾の拾い方（1目ゴム編み）

● ● =裾の拾い目
△ =かけ目

脇 → 3（輪に拾う）
1

1模様から21目拾うことを
5回くり返す

1模様から18目拾うことを
6回くり返す

20目拾う
5回め

6回め

脇

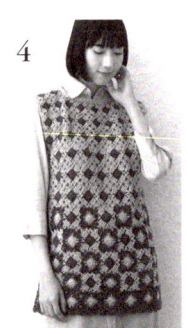
4

5

6

作品 ④ ⑤ ⑥　7・8・9ページ

材料と用具...

糸／4　並太タイプのストレートヤーン（40g巻・約88m）のベージュを300g、
茶色を230g
　　　5　ダイヤモンド毛糸　ダイヤタスマニアンメリノ（40g巻・約120m…並太タイプ）
の728（グレー）を315g（8玉）、ターコイズ（761・廃色）を80g（2玉）、718（え
んじ）・759（からし色）を各40g（各1玉）
　　　6　並太タイプのストレートヤーン（40g巻・約88m）の生成りを490g
針／4　6/0号・4/0号・5/0号・10/0号かぎ針
　　　5　6/0号かぎ針
　　　6　6/0号かぎ針　5号2本、4号4本棒針
付属品／5に直径1.5cmのニット用くるみボタンを6個

ゲージ...

モチーフ1枚　各図参照

でき上がり寸法...

4　胸回り 108cm　着たけ 70cm　　　　背肩幅 47cm
5　胸回り 105cm　着たけ 51.5cm　　　ゆきたけ 60cm
6　胸回り 99cm　　着たけ 56cm（後ろ）　ゆきたけ 49.5cm

●作品4の製図は56ページ、作品5の製図は58ページにあります

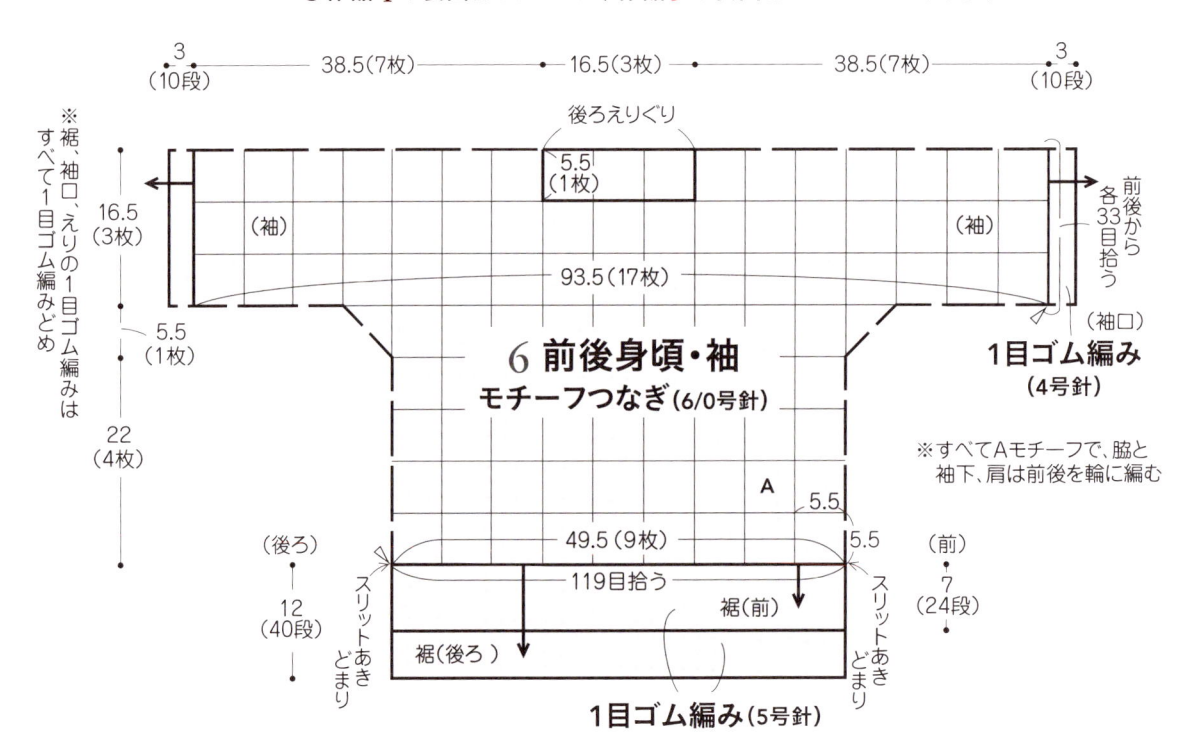

■文字のあずき色は4、赤色は5、灰色は6、黒は共通です

編み方要点 ...

● モチーフは糸輪の作り目で指定の針と配色で編みます。製図・配置図を参照し、2枚めからは2段めで隣り合うモチーフと引き抜き編みでつなぎます。

● 5と6は脇、袖下、肩をそれぞれつなぎます。4は袖ぐりを残し、同じ要領で編みつなぎます。5は前あきのため中央はつながずにあけておきます。

● 4は裾、えりぐりと袖ぐりにそれぞれ縁編みを輪に編みます。

● 5は袖口、裾・前端・えりぐりにそれぞれ縁編みを輪に編みます。くるみボタンは糸輪の作り目で編み始め、くるみボタンを入れながら編み、最後を絞りどめます。形を整えて指定位置につけます。

● 6は1目ゴム編みで裾を往復に、袖口とえりは輪に指定段数編み、1目ゴム編みどめにします。

4・5・6 モチーフの配色

作品	モチーフ	段数		枚数
		1段	2段	
4	B	ベージュ	茶色	54枚
	C	茶色	ベージュ	157枚
5	A	グレー	グレー	4枚
	D	ターコイズ	グレー	147枚
	E	えんじ	グレー	70枚
	F	からし色	グレー	77枚
	G	えんじ	グレー	2枚
6	A	生成り	生成り	191枚

4・5・6 モチーフ

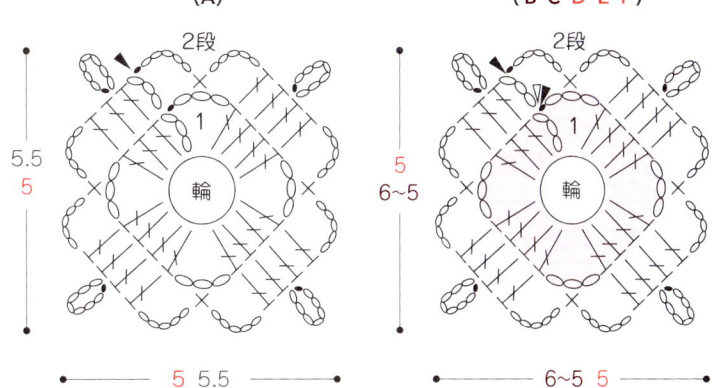

(A)　2段　5.5　5　5　5.5

(B・C・D・E・F)　2段　5　6〜5　6〜5　5

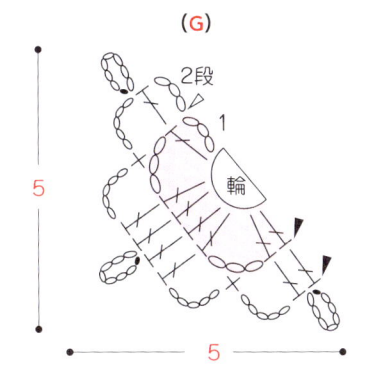

(G)　2段　1　輪　5　5

▲ ＝糸を切る　△ ＝糸をつける

4・5・6 モチーフのつなぎ方
（3点共通）

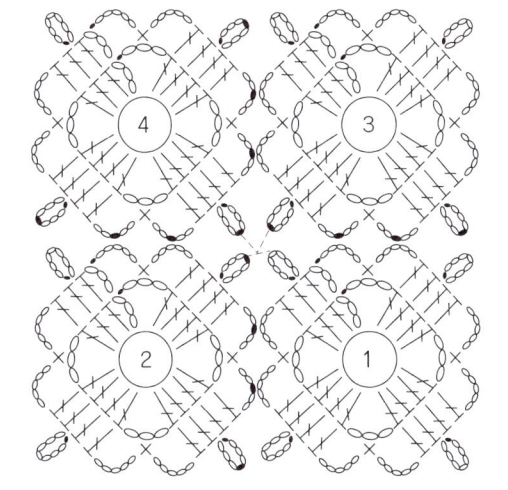

モチーフ角のつなぎ方
（3点共通）

2枚め　1枚め

※3枚めからは2枚めの
引き抜き編み目（ ◉ ）につなぐ

4 前後身頃 モチーフつなぎ

※針の号数でモチーフの大きさをかえます。

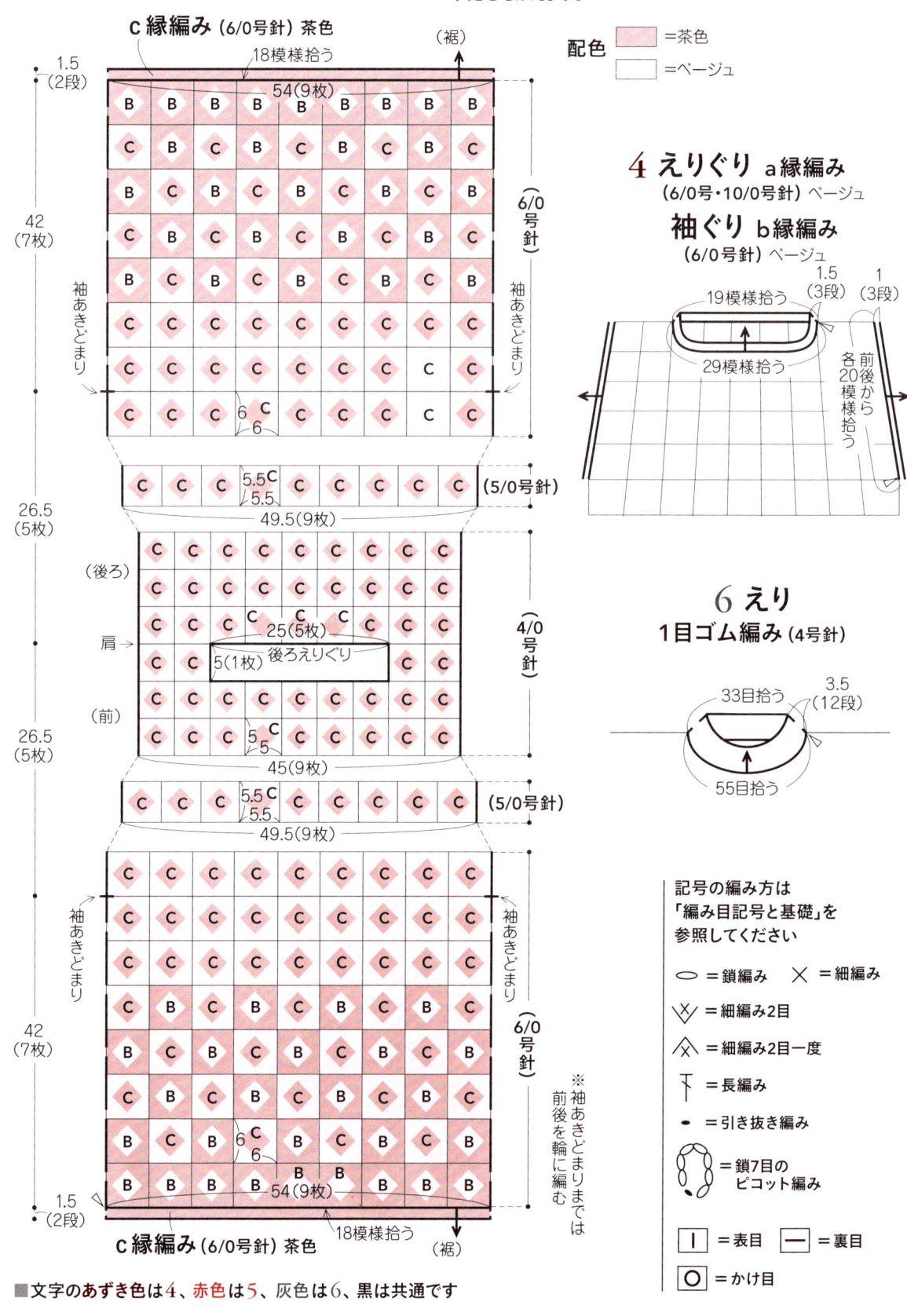

配色
=茶色
=ベージュ

C 縁編み（6/0号針）茶色

（裾）

18模様拾う

54（9枚）

1.5（2段）

42（7枚）

袖あきどまり

6/0号針

袖あきどまり

6 C 6

5.5 C 5.5 （5/0号針）

49.5（9枚）

26.5（5枚）

（後ろ）

肩

（前）

25（5枚）

5（1枚）

後ろえりぐり

4/0号針

5 C 5

45（9枚）

5.5 C 5.5 （5/0号針）

49.5（9枚）

26.5（5枚）

袖あきどまり

6/0号針

袖あきどまり

6 C 6

54（9枚）

1.5（2段）

18模様拾う

C 縁編み（6/0号針）茶色

（裾）

※袖あきどまりまでは前後を輪に編む

4 えりぐり a 縁編み
（6/0号・10/0号針）ベージュ

袖ぐり b 縁編み
（6/0号針）ベージュ

19模様拾う

1.5（3段）

1（3段）

29模様拾う

各 前後 20 から 模様 拾う

6 えり
1目ゴム編み（4号針）

33目拾う

3.5（12段）

55目拾う

記号の編み方は「編み目記号と基礎」を参照してください

⌒ =鎖編み ✕ =細編み

⋁ =細編み2目

⋀ =細編み2目一度

⊤ =長編み

• =引き抜き編み

=鎖7目のピコット編み

| =表目   — =裏目

○ =かけ目

■文字のあずき色は4、赤色は5、灰色は6、黒は共通です

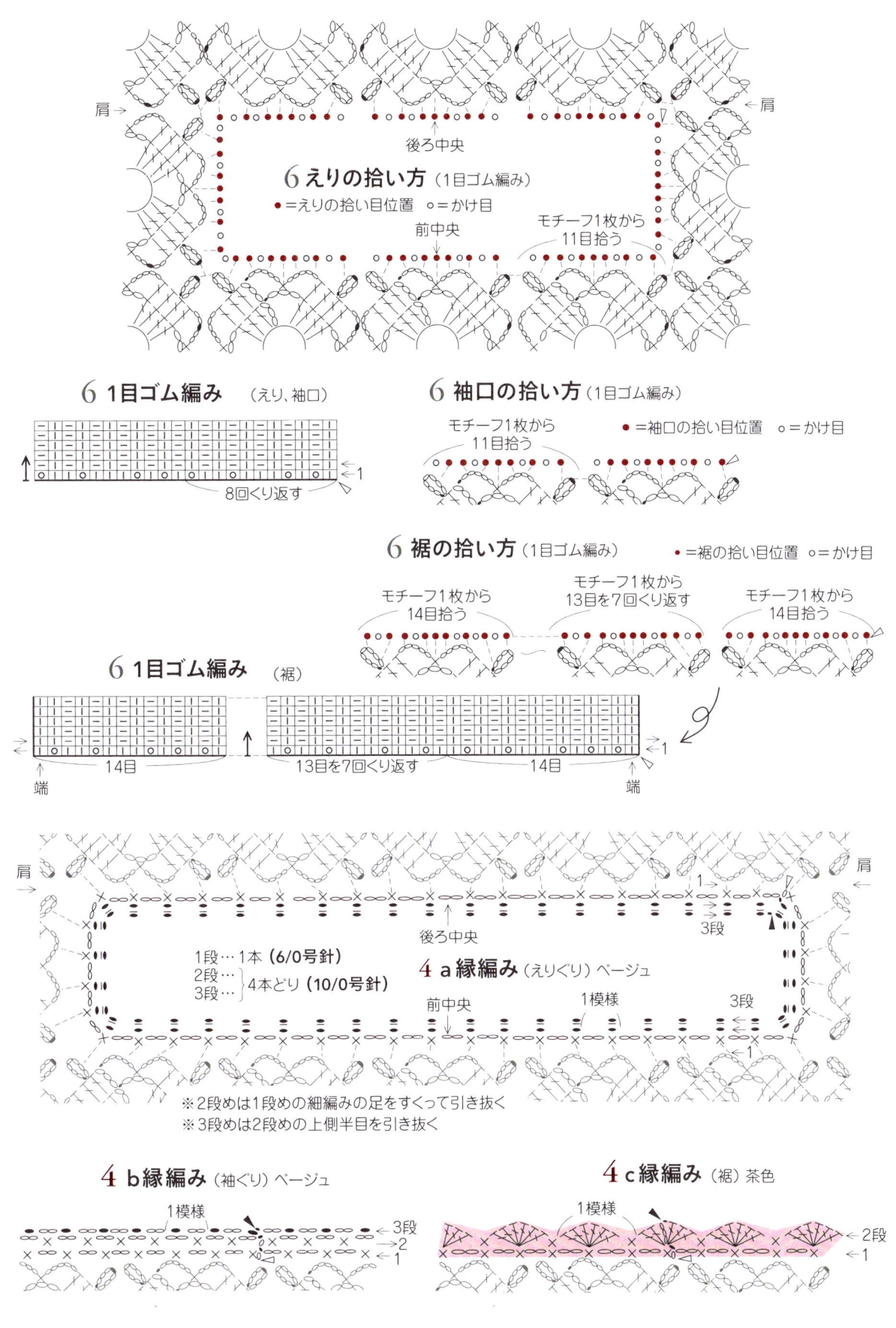

6 えりの拾い方（1目ゴム編み）

●＝えりの拾い目位置　○＝かけ目

後ろ中央

前中央

肩→　　←肩

モチーフ1枚から
11目拾う

6 1目ゴム編み　（えり、袖口）

←1
8回くり返す

6 袖口の拾い方（1目ゴム編み）

モチーフ1枚から
11目拾う

●＝袖口の拾い目位置　○＝かけ目

6 裾の拾い方（1目ゴム編み）

●＝裾の拾い目位置　○＝かけ目

モチーフ1枚から
14目拾う

モチーフ1枚から
13目を7回くり返す

モチーフ1枚から
14目拾う

6 1目ゴム編み　（裾）

←1
端　　14目　　13目を7回くり返す　　14目　　端

1段…1本（6/0号針）
2段…
3段…｝4本どり（10/0号針）

4 a 縁編み（えりぐり）ベージュ

後ろ中央

前中央　　1模様　　3段

肩→　　←肩

1段

3段

1

1

※2段めは1段めの細編みの足をすくって引き抜く
※3段めは2段めの上側半目を引き抜く

4 b 縁編み（袖ぐり）ベージュ

1模様

3段
2
1

4 c 縁編み（裾）茶色

1模様

2段
1

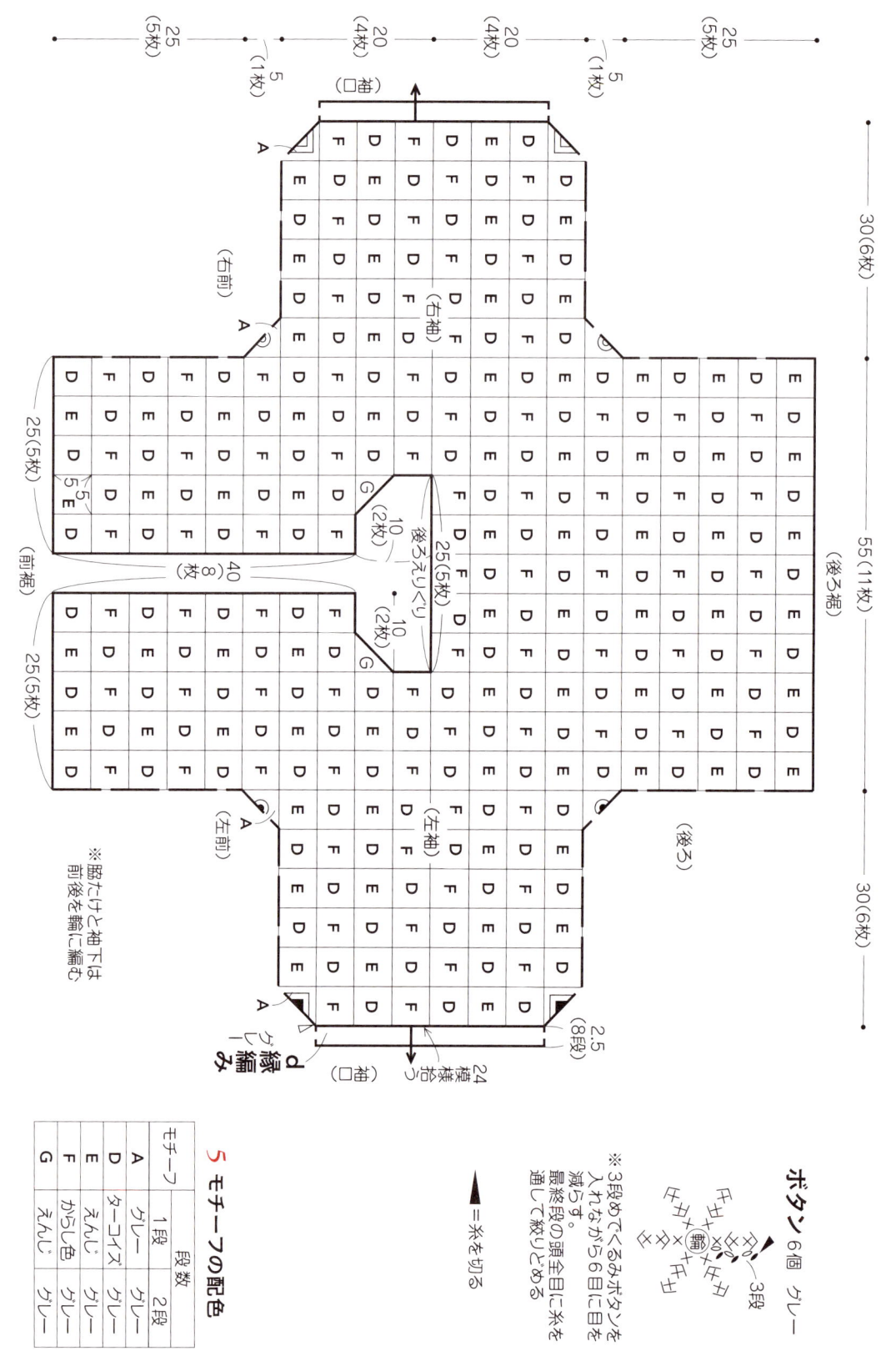

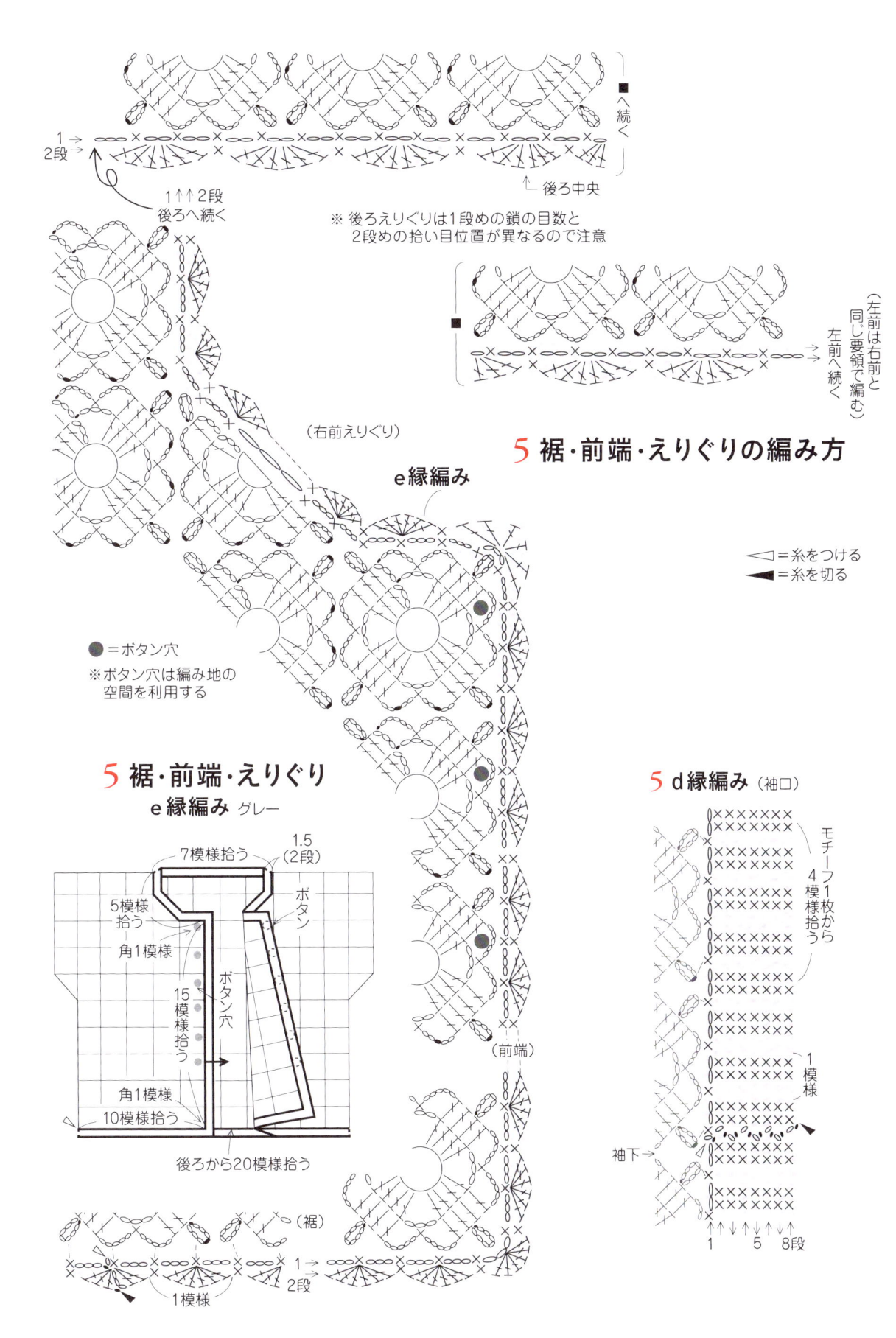

1→
2段→

1↑↑2段
後ろへ続く

※ 後ろえりぐりは1段めの鎖の目数と
2段めの拾い目位置が異なるので注意

↑ 後ろ中央

〜続く

（右前えりぐり）

e縁編み

5 裾・前端・えりぐりの編み方

（左前は右前と
同じ要領で編む）
左前へ続く

◁=糸をつける
◀=糸を切る

●=ボタン穴
※ボタン穴は編み地の
空間を利用する

5 裾・前端・えりぐり
e縁編み グレー

7模様拾う

1.5
(2段)

5模様
拾う

角1模様

ボタン

ボタン穴

15
模様
拾う

角1模様

10模様拾う

後ろから20模様拾う

（前端）

（裾）

1→
2段→

1模様

1模様

5 d縁編み （袖口）

モチーフ1枚から
4模様拾う

1模様

袖下

1 5 8段

7

8

作品 ⑦ ⑧ 10・11 ページ

材料と用具 ...

糸／7 ダイヤモンド毛糸 ダイヤドミナ〈ノーム〉（40g巻・約108m…並太タイプ）の濃いベージュ（529・廃色）を490g（13玉）
8 ダイヤモンド毛糸 ダイヤジョリー（30g巻・約114m…極太タイプ）のブルー・グリーン系段染め（706・廃色）を380g（13玉）

針／7 6/0号かぎ針
8 7/0号・8/0号・9/0号・10/0号かぎ針

ゲージ 10cm四方 ...

7・8共通 モチーフ1枚 11×11cm
7 模様編み 20目 11段
8 模様編み 20目 11段（7/0号針）、16目7.5段（10/0号針）

でき上がり寸法 ...

7 胸回り 110cm
着たけ 55cm　ゆきたけ 60.5cm
8 胸回り 110cm
着たけ 67cm　ゆきたけ 50.5cm

編み方要点 ...

● 糸輪の作り目でモチーフを指定枚数編みます。製図を参照して巻きはぎ（1目）でつなぎます。
● 後ろ、前は鎖編みの作り目をし、肩から裾に向かって増減なく編みますが、8は指定の針にかえながら編みます。
● 袖は身頃と同じ作り目をし、模様編みで袖下を減らしながら編みます。
● 身頃とモチーフを巻きはぎ（1目）で合わせます。袖も同様にはぎ合わせます。
● 肩は鎖はぎ、脇、袖下は鎖とじでそれぞれ合わせます。
● 8の裾、えりぐり、袖口は縁編みを輪に編みます。
● 袖は身頃に鎖とじでつけます。

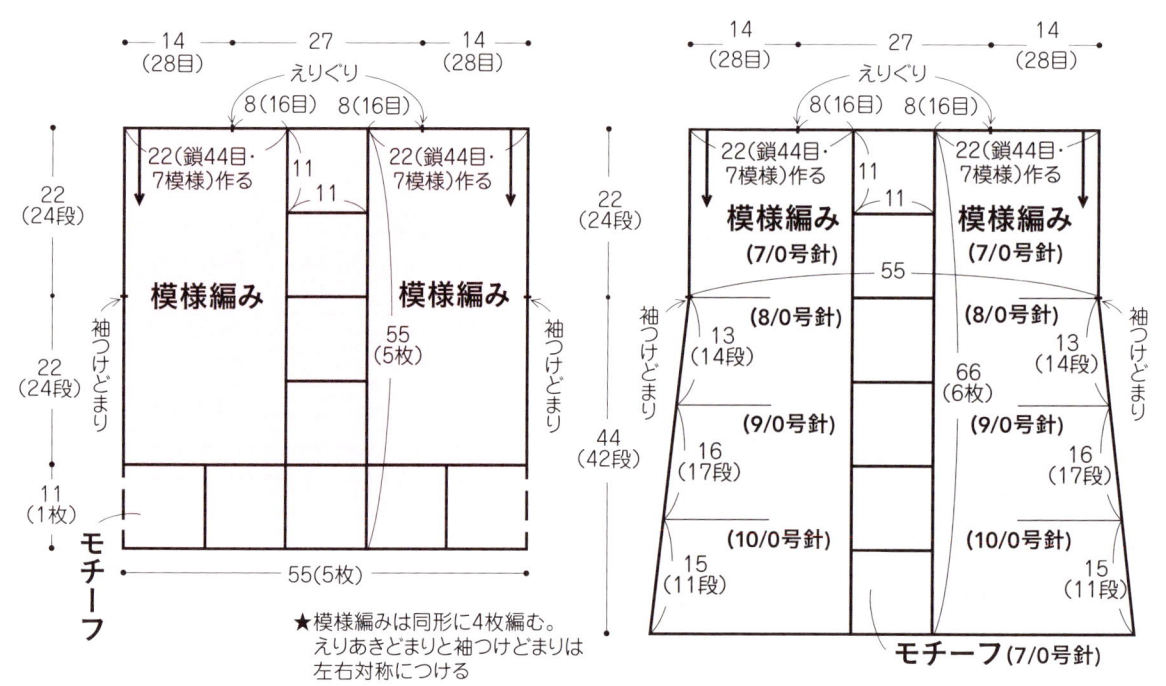

7 後ろ、前身頃

14（28目）　27　14（28目）
えりぐり
8（16目）　8（16目）
22（鎖44目・7模様）作る
11　11
模様編み　模様編み
55（5枚）
22（24段）
22（24段）
袖つけどまり
44（42段）
11（1枚）
モチーフ
55（5枚）

★模様編みは同形に4枚編む。えりあきどまりと袖つけどまりは左右対称につける

8 後ろ、前身頃

14（28目）　27　14（28目）
えりぐり
8（16目）　8（16目）
22（鎖44目・7模様）作る
11　11
模様編み（7/0号針）　模様編み（7/0号針）
55
13（14段）　（8/0号針）　（8/0号針）　13（14段）
66（6枚）
16（17段）　（9/0号針）　（9/0号針）　16（17段）
15（11段）　（10/0号針）　（10/0号針）　15（11段）
22（24段）
22（24段）
袖つけどまり
44（42段）
モチーフ（7/0号針）
27.5（44目・7模様）　11（1枚）　27.5（44目・7模様）

■文字の赤色は7、灰色は8、黒は共通です

7・8 後ろ、前身頃の編み方図

★8は指定の針にかえながら、増減なく編む

（裾側）

← 24段
42段

鎖とじ

袖つけどまり

← 1
← 24段

← 20

← 15

← 10

6段1模様

← 5

→ 1
（44目）

編み終わり

（肩側）　　鎖はぎ　　6目1模様

編み始め

7 モチーフの合わせ方（身頃）

（えりぐり側）

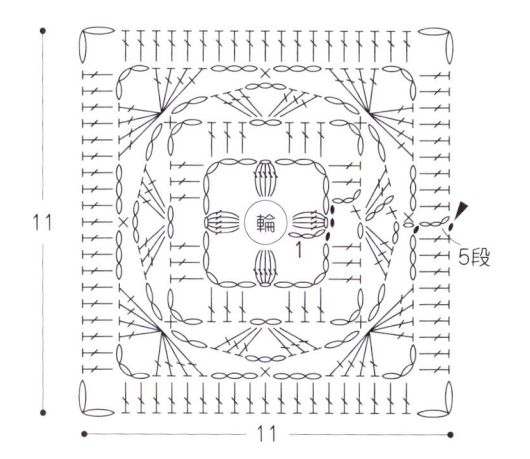

11
11

（裾側）

110（10枚）

◁ ＝糸をつける
◀ ＝糸を切る

7・8 モチーフ

★7は24枚、8は16枚編む

※モチーフ中央はほどけやすいため、
　編み地の裏側に数回糸を通して
　しっかりと糸始末をする。

記号の編み方は「編み目記号と基礎」を
参照してください

◯ ＝鎖編み　　　　丅 ＝長編み

✕ ＝細編み　　　　Ｖ ＝長編み2目

Ａ ＝長編み2目一度

〰 ＝長編み5目のパプコーン編み

〰 ＝鎖3目のピコット編み

－ ＝引き抜き編み

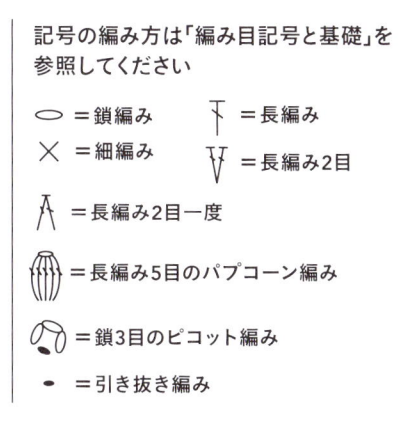

11

輪
1

5段

11

61

8 縁編みの編み方図

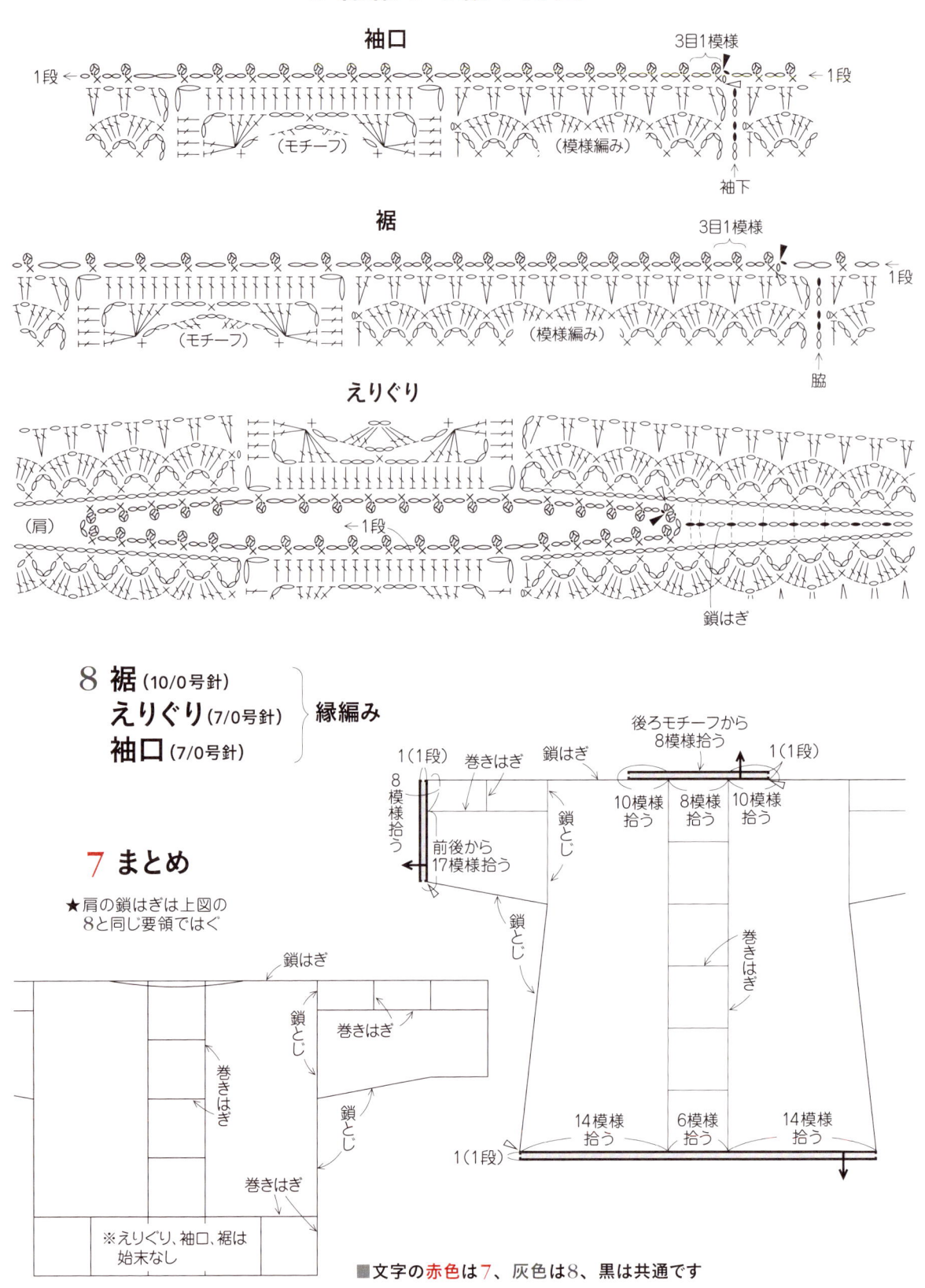

袖口

←1段   1段→

3目1模様

（モチーフ）   （模様編み）

袖下

裾

3目1模様

1段→

（モチーフ）   （模様編み）

脇

えりぐり

（肩）   ←1段

鎖はぎ

8 裾（10/0号針）
えりぐり（7/0号針）
袖口（7/0号針）

縁編み

7 まとめ

★肩の鎖はぎは上図の
8と同じ要領ではぐ

後ろモチーフから
8模様拾う

1（1段）   巻きはぎ   鎖はぎ   1（1段）

8模様拾う   10模様拾う   8模様拾う   10模様拾う

鎖とじ   鎖とじ

前後から
17模様拾う

鎖とじ

巻きはぎ

鎖はぎ

鎖とじ   巻きはぎ

巻きはぎ

鎖とじ

14模様拾う   6模様拾う   14模様拾う

1（1段）

巻きはぎ

※えりぐり、袖口、裾は
始末なし

■文字の赤色は7、灰色は8、黒は共通です

7 袖

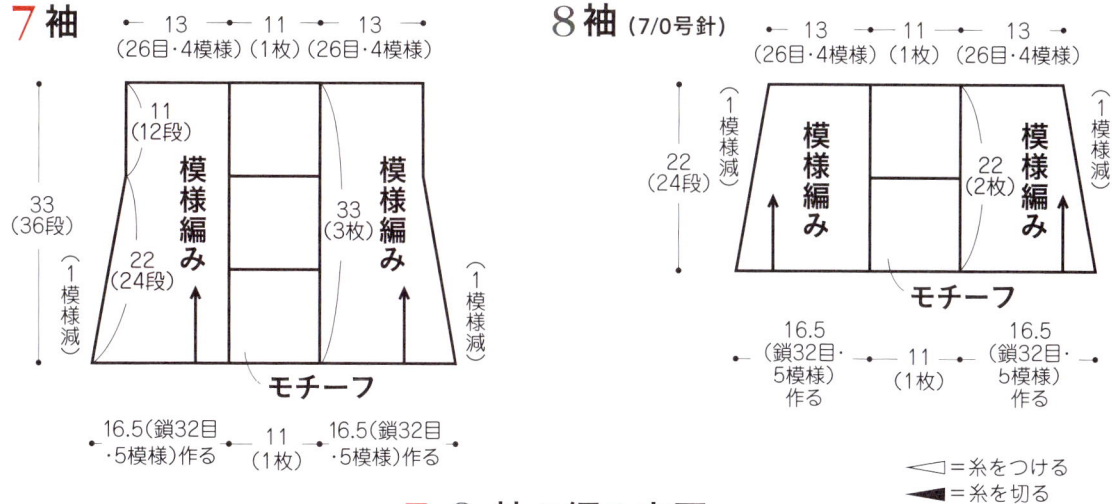

- 13 -（26目・4模様）- 11 -（1枚）- 13 -（26目・4模様）

11（12段）
模様編み
33（36段）
22（24段）
（1模様減）
33（3枚）
模様編み
（1模様減）
モチーフ

16.5（鎖32目・5模様）作る - 11（1枚）- 16.5（鎖32目・5模様）作る

8 袖 (7/0号針)

- 13 -（26目・4模様）- 11 -（1枚）- 13 -（26目・4模様）

22（24段）
（1模様減）
模様編み
模様編み
22（2枚）
（1模様減）
モチーフ

16.5（鎖32目・5模様）作る - 11（1枚）- 16.5（鎖32目・5模様）作る

◁ ＝糸をつける
◀ ＝糸を切る

7・8 袖の編み方図

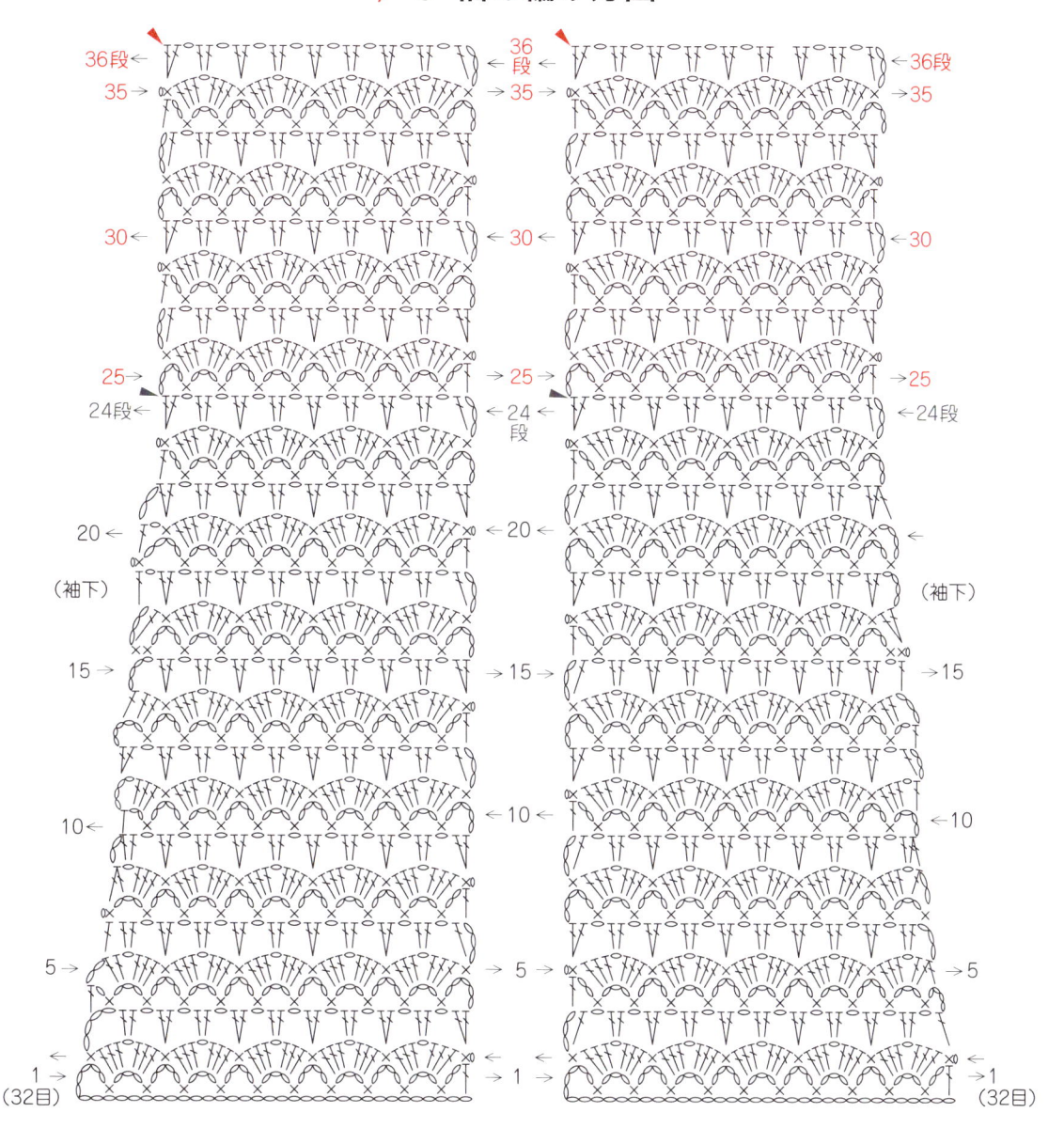

36段← 35→ 30← 25→ 24段← 20← （袖下）15→ 10← 5→ 1（32目）

36段← 35→ 30← 25→ ←24段 ←20 →15 ←10 →5 →1

→36段 →35 →30 →25 ←24段 →15 ←10 →5 →1（32目）

（袖下）

9

10

作品 ⑨ ⑩ 12・13 ページ

材料と用具 …

糸／9　ニッケビクター毛糸　ニッケ フレック（40g巻・約98m…並太タイプ）の7（焦げ茶）を460g（12玉）

10　ニッケビクター毛糸　ニッケ フレック（40g巻・約98m…並太タイプ）の1（生成り）を420g（11玉）

針／9・10共通　7/0号かぎ針

ゲージ 10cm四方 …

9・10共通　モチーフ1枚 18×18cm

でき上がり寸法 …

9　胸回り 108cm
　　着たけ　59cm　ゆきたけ 70.5cm
10　胸回り 108cm
　　着たけ　55cm　ゆきたけ 64cm

編み方要点 …

● 糸輪の作り目でモチーフを編みます。2枚めからはつなぎ方を参照し、7段めで隣り合うモチーフと引き抜き編みでつなぎます。

● 製図内の番号順にモチーフ26枚を編みつなぎます。脇たけはモチーフ12まで前後を輪につなぎ、モチーフ13からは袖下と肩線をつなぎますが、えりぐりはつなぎ残します。

● 9はえり、袖口、裾をそれぞれ模様編みで輪に指定段数編みます。

● 10はえりぐり、袖口、裾をそれぞれネット編みで輪に編みます。

9・10 前後身頃・袖　モチーフつなぎ

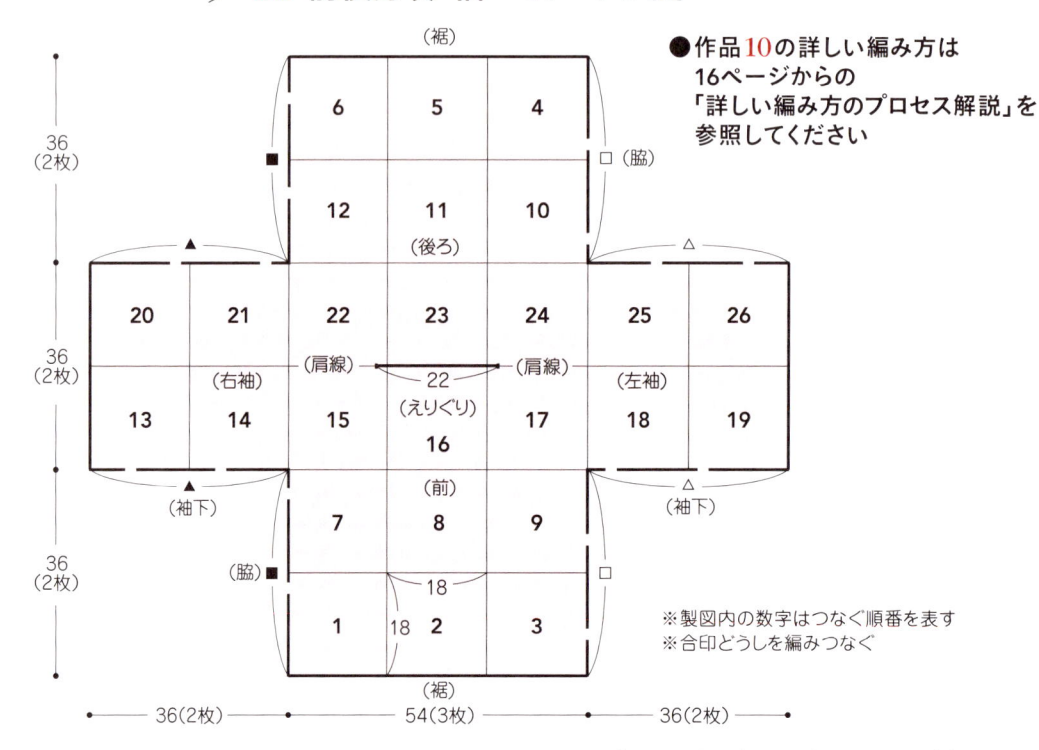

● 作品10の詳しい編み方は16ページからの「詳しい編み方のプロセス解説」を参照してください

※製図内の数字はつなぐ順番を表す
※合印どうしを編みつなぐ

★えりぐりは67ページの図を参照してつなぎ残す

■ 文字の灰色は9、赤色は10、黒は共通です

9·10 モチーフ

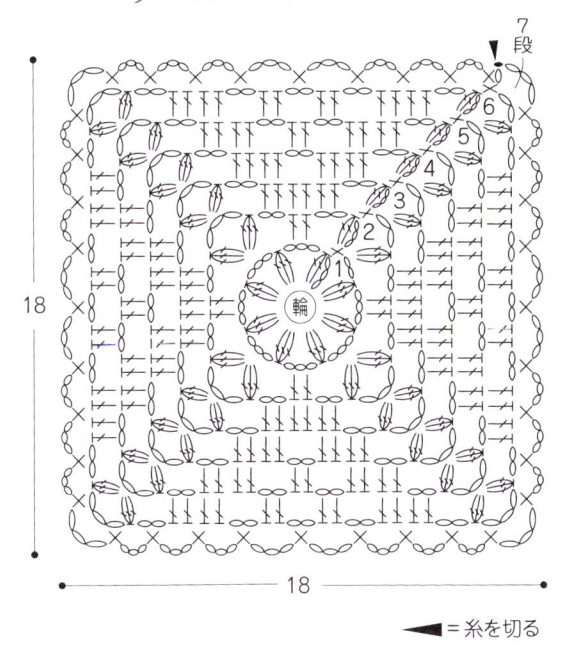

7段
6
5
4
3
2
1
輪

18
18

◀ ＝糸を切る

記号の編み方は
「編み目記号と基礎」を
参照してください

◯ ＝鎖編み

✕ ＝細編み

🇹 ＝長編み

🇹 ＝中長編み

🇹 ・ 🇹 ＝長編み3目の玉編み

🇹 ＝表引き上げ編み（長編み）

🇹 ＝裏引き上げ編み（長編み）

• ＝引き抜き編み

9·10 モチーフのつなぎ方

7　8

1　2

モチーフ角のつなぎ方

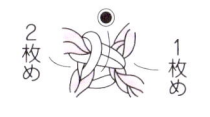

2枚め　1枚め

※3枚めからは2枚めの
　引き抜き編み目（◉）に
　つなぐ

9・10 脇下のつなぎ方 （右脇） ※左脇も同じ要領でつなぐ

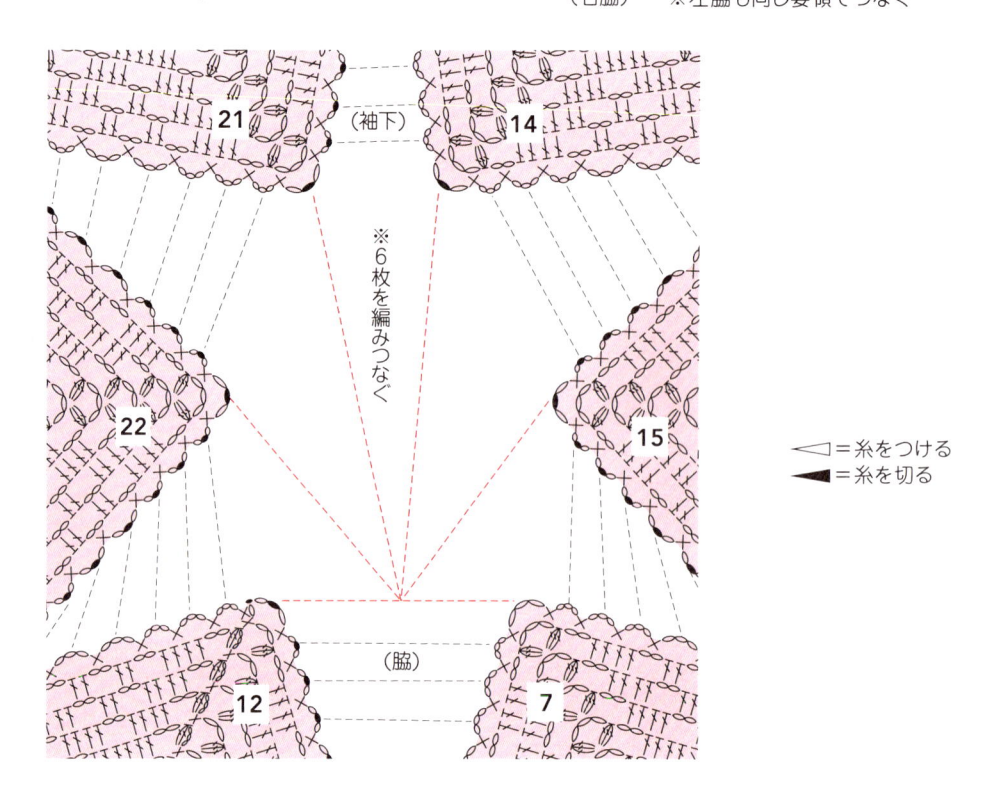

=糸をつける
=糸を切る

9 模様編み

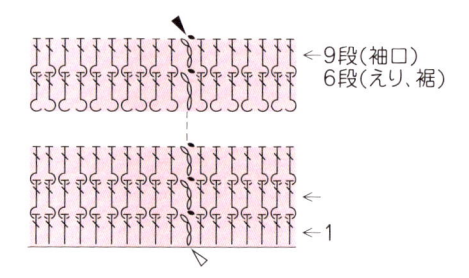

←9段（袖口）
6段（えり、裾）

←1

10 ネット編み

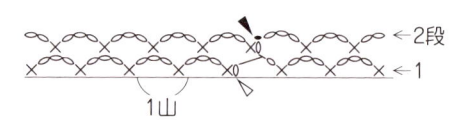

←2段
←1

1山

9 えり、袖口、裾　模様編み

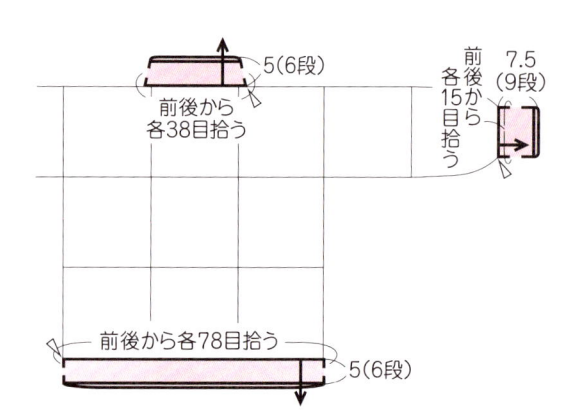

5（6段）
前後から各38目拾う
前後各15目拾う
7.5（9段）
前後から各78目拾う
5（6段）

10 えりぐり、袖口、裾　ネット編み

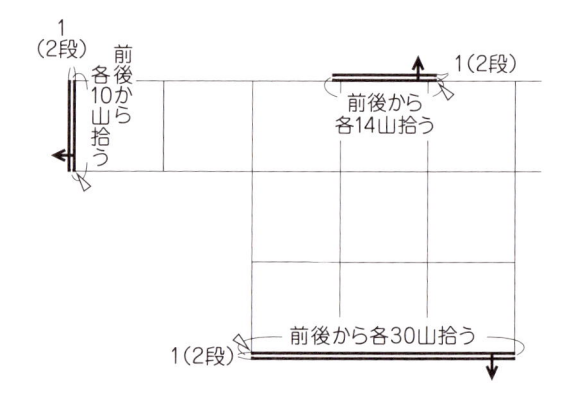

1（2段）
前後各10山拾う
1（2段）
前後から各14山拾う
前後から各30山拾う
1（2段）

■文字の灰色は9、赤色は10、黒は共通です

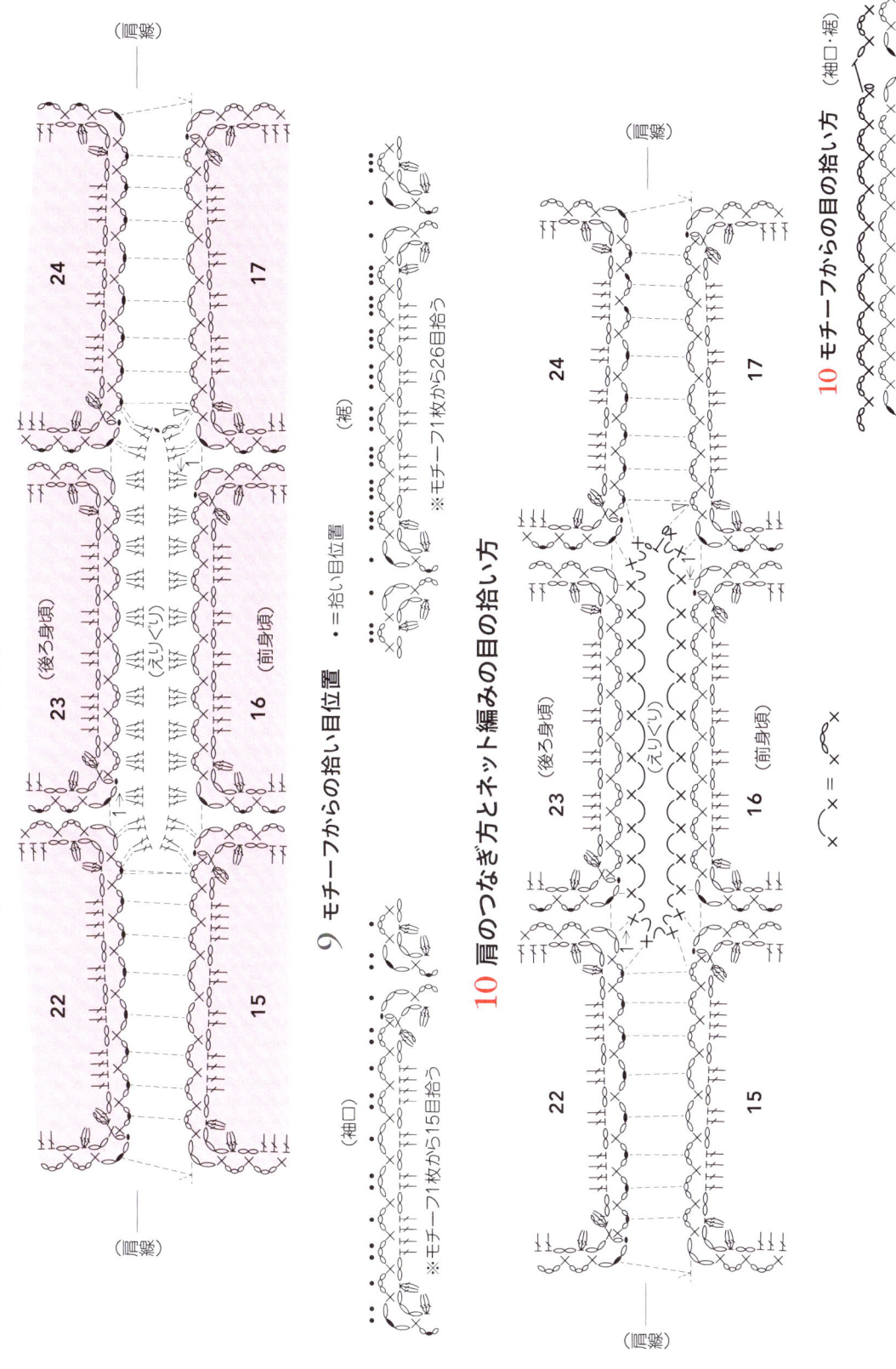

9 肩のつなぎ方と模様編みの目の拾い方

9 モチーフからの拾い目位置　・=拾い目位置

10 肩のつなぎ方とネット編みの目の拾い方

10 モチーフからの目の拾い方　（袖口・裾）

×⌒×＝×⌒⌒×

※モチーフ1枚から10山拾う

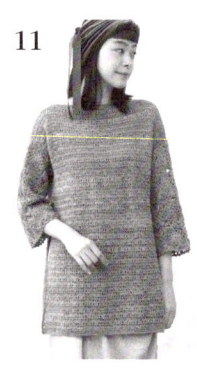

11

12

作品 ⑪ ⑫ 14・15 ページ

材料と用具 …

糸／11 並太タイプのストレートヤーン（30g巻・約99m）のグリーン・ブルー系段染めを470g

12 ダイヤモンド毛糸 ダイヤアデル（40g巻・約116m…並太タイプ）の402（ベージュ）を425g（11玉）ダイヤタスマニアンメリノ（40g巻・約120m…並太タイプ）の730（黒）を40g（1玉）

針／11・12共通 5/0号かぎ針

ゲージ 10cm四方 …

11 模様編み 27目 11段
モチーフ 1枚 7.5×7.5cm

12 模様編み 24目 10.5 段
モチーフ 1枚 8×8cm

でき上がり寸法 …

11 胸回り 97cm
着たけ 70cm ゆきたけ 55cm

12 胸回り 109cm
着たけ 52cm ゆきたけ 68cm

編み方要点 …

● 身頃は鎖編みの作り目をして模様編みで編みますが、12はえりぐりを減らします。袖つけどまり、11はスリットあきどまりに糸印をつけます。

● 袖は鎖編みの作り目を輪にしてモチーフを編みますが、12は配色で編みます。2枚めからは最終段で隣り合うモチーフと引き抜き編みでつなぎます。

● 肩は鎖はぎで合わせ、袖を身頃に鎖とじでつけます。脇は鎖とじで合わせます。

● 11はえりぐり、スリットあき・裾をそれぞれ細編みで編み、前スリット端を後ろと重ねてまつります。

● 袖口、12の裾はa縁編み、12のえりぐりはb縁編み縞を輪に編みます。

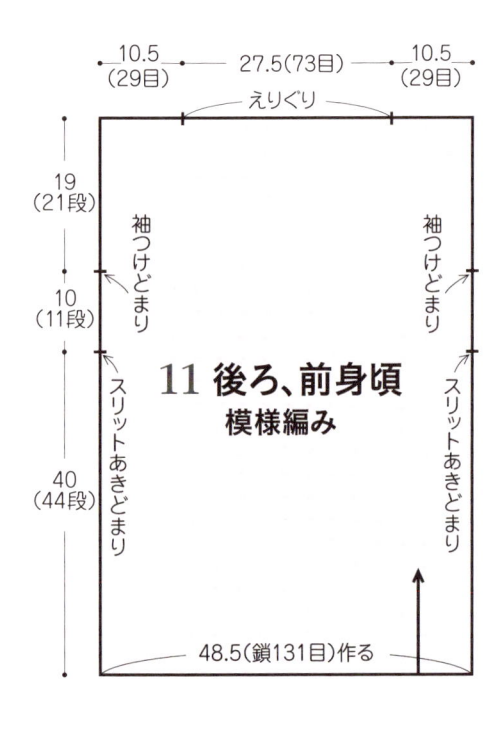

10.5（29目） 27.5（73目） 10.5（29目）

えりぐり

19（21段）
10（11段）

袖つけどまり

袖つけどまり

11 後ろ、前身頃
模様編み

スリットあきどまり

スリットあきどまり

40（44段）

48.5（鎖131目）作る

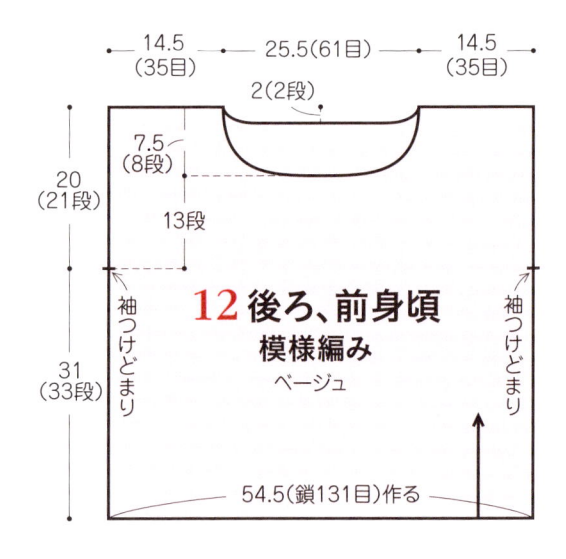

14.5（35目） 25.5（61目） 14.5（35目）

2（2段）

7.5（8段）

20（21段）

13段

袖つけどまり

12 後ろ、前身頃
模様編み
ベージュ

袖つけどまり

31（33段）

54.5（鎖131目）作る

記号の編み方は付録の
「編み目記号と基礎」を参照してください

⌒ ＝鎖編み ✕ ＝細編み • ＝引き抜き編み

┬ ＝中長編み ┬ ＝長編み ∧ ＝長編み2目一度

＝長編み3目の玉編み ＝鎖3目のピコット編み

■文字の灰色は11、赤色は12、黒は共通です

11 後ろ、前身頃の編み始めと編み終わり

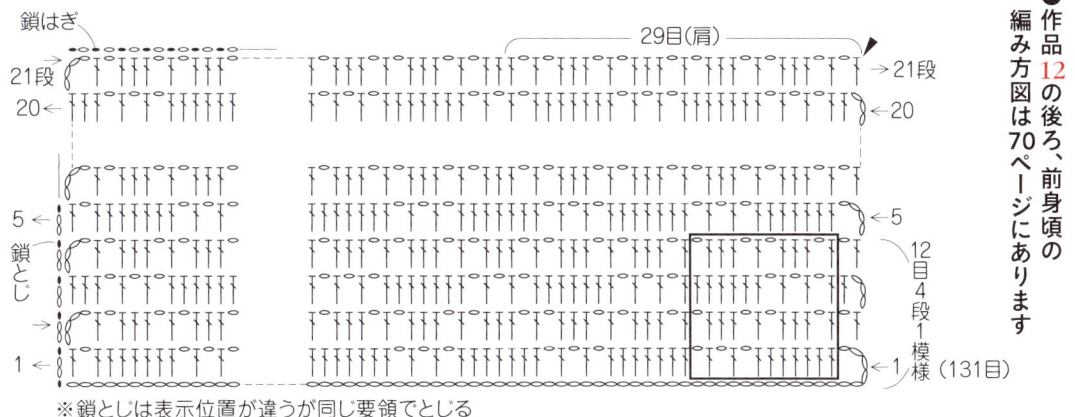

鎖はぎ

29目(肩)

21段
20

→ 21段
→ 20

5 ←
鎖とじ

→ 5

1 ←

→ 1

12目4段1模様(131目)

※鎖とじは表示位置が違うが同じ要領でとじる

作品12の後ろ、前身頃の編み方図は70ページにあります

11・12 袖 モチーフつなぎ

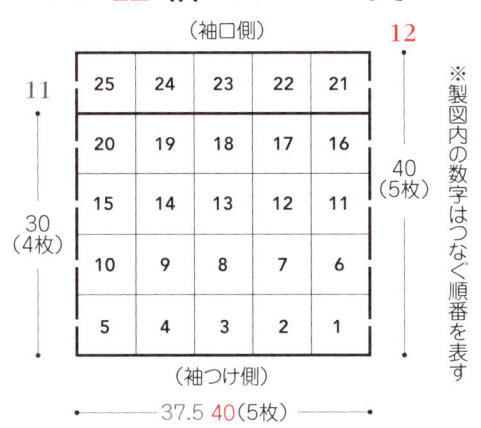

(袖口側)

12

11

25	24	23	22	21
20	19	18	17	16
15	14	13	12	11
10	9	8	7	6
5	4	3	2	1

(袖つけ側)

30(4枚)

40(5枚)

37.5 40(5枚)

※製図内の数字はつなぐ順番を表す

11 モチーフ(40枚)

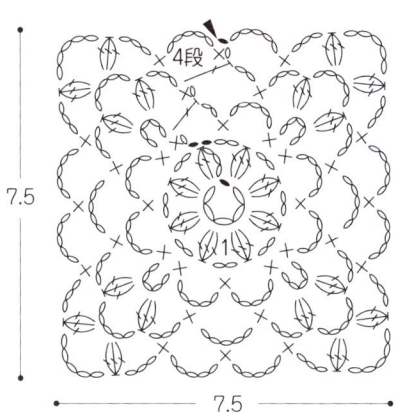

4段

7.5

1

7.5

11・12 モチーフのつなぎ方

7

6

2

1

12 モチーフ(50枚)

4段

8

1

8

◁ =糸をつける
◀ =糸を切る

□ =ページュ
□ =黒

モチーフ角のつなぎ方

2枚め

1枚め

※3枚めからは2枚めの
引き抜き編み目(◉)
につなぐ

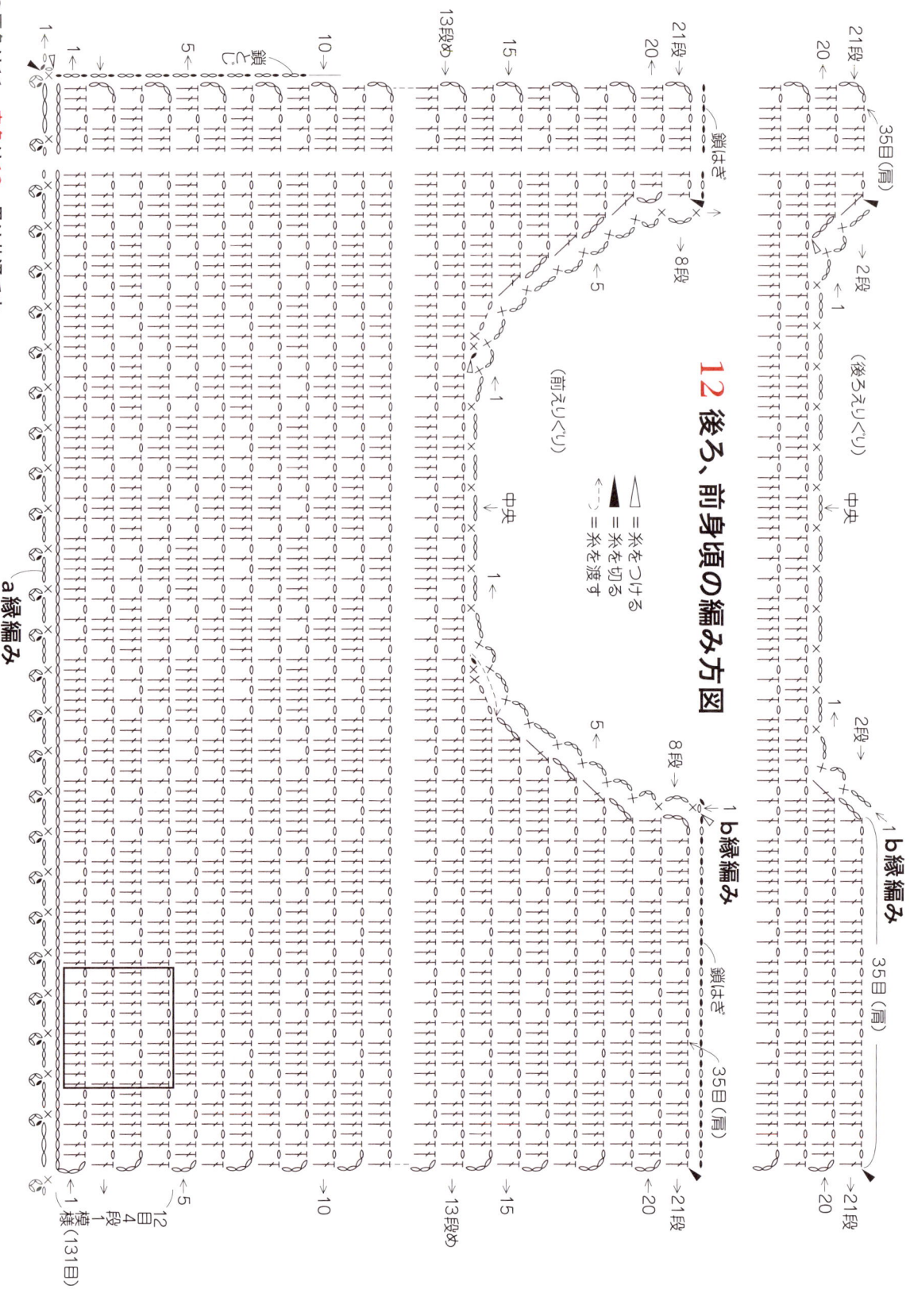

11 えりぐり、スリットあき・裾 細編み
袖口 a縁編み

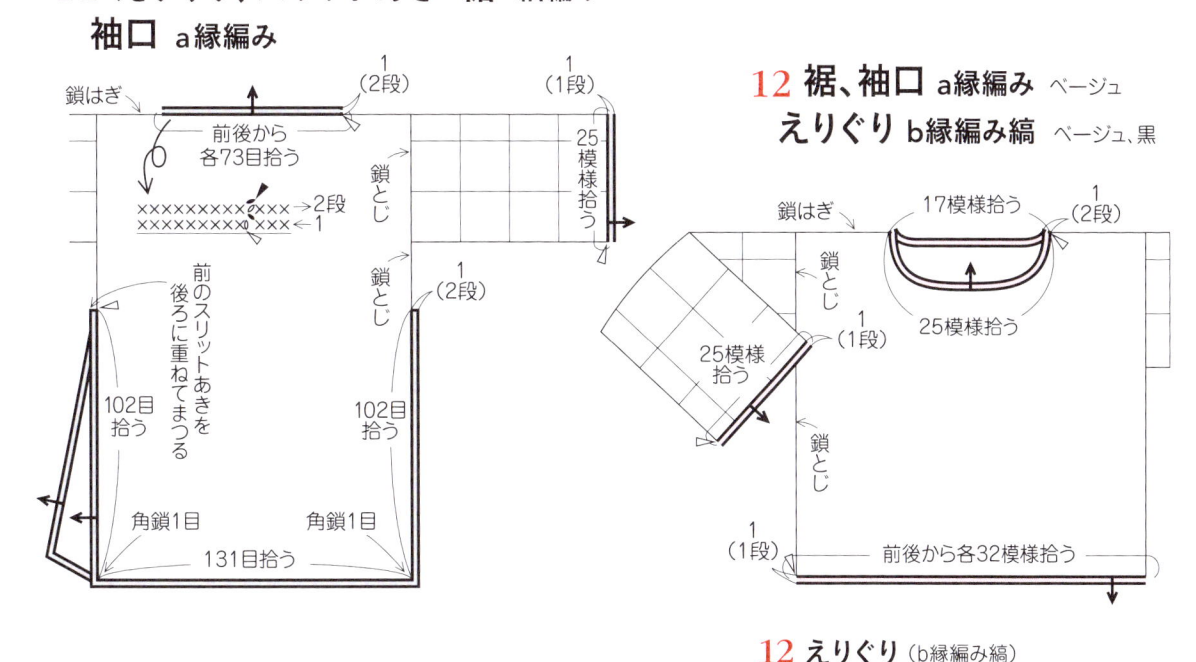

12 裾、袖口 a縁編み ベージュ
えりぐり b縁編み縞 ベージュ、黒

12 えりぐり (b縁編み縞)

(右肩)　1模様　(左肩)

□ =ベージュ　□ =黒

11 スリットあきの拾い方

11・12 袖口 (a縁編み)

1模様

(モチーフつなぎ)　←袖下

11・12 袖のつけ方

※11は身頃の模様位置が違うが、拾い目位置・目数は同じ

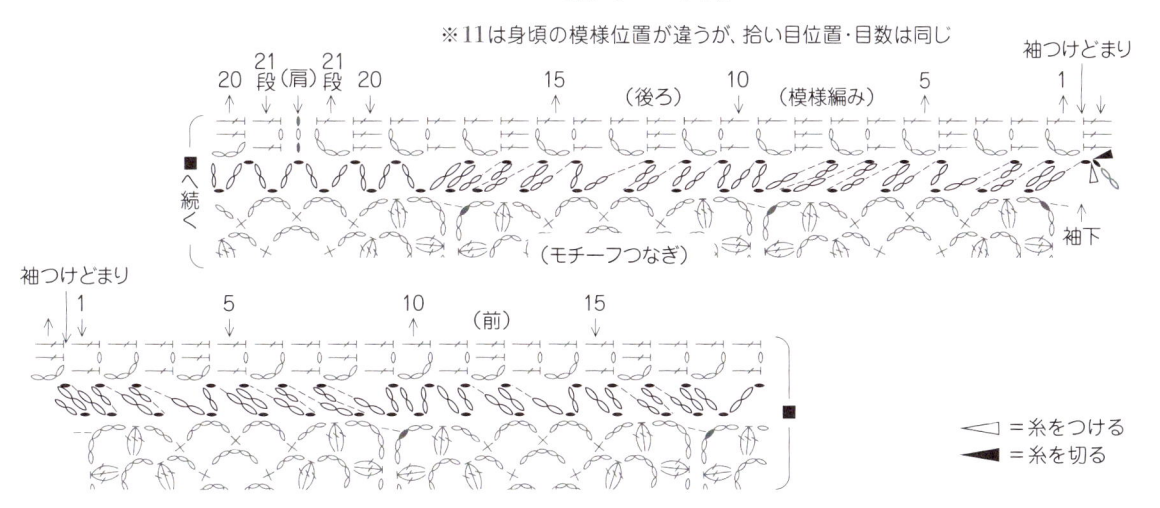

◁ =糸をつける
◀ =糸を切る

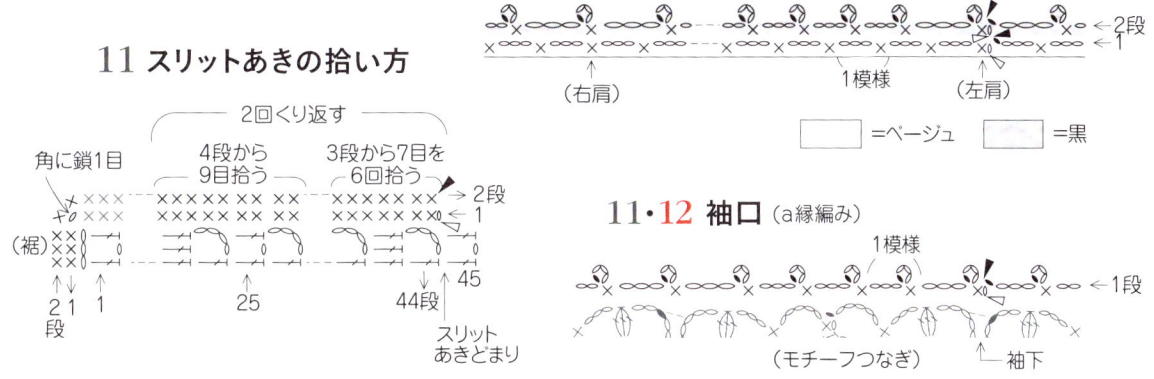

13

14

作品 ⑬ ⑭ 22・24ページ

材料と用具 ...

糸／13　ダイヤモンド毛糸　ダイヤアンフィニ
（30g巻・約114m…並太タイプ）の1401
（グレー系ミックス）を330g（11玉）
14　ダイヤモンド毛糸　ダイヤミーサ（30g
巻・約123m…並太タイプ）の1306（コー
ラルレッドラメ入り）を350g（12玉）
針／13・14共通　3/0号かぎ針
付属品／13に直径1.2cmのボタンを10個
14に直径1.5cmのボタンを9個

ゲージ ...

13　模様編み1模様（7cm）11段（10cm）
14　模様編み1模様（7.8cm）10段（10cm）

でき上がり寸法 ...

13　胸回り99.5cm
着たけ52.5cm　ゆきたけ65.5cm
14　胸回り109.5cm
着たけ58cm　ゆきたけ74cm

編み方要点 ...

● 身頃は鎖編みの作り目をし、模様編みで脇たけと袖つけたけを増減なく編みます。途中、袖つけどまりに糸印をつけながらえりぐりを減らします。前は左右対称に2枚編みます。

● 袖は身頃と同じ作り目をして模様編みで13は袖下の増し目をしながら、14は増減なく編みます。

● 肩は鎖はぎ、脇と袖下はそれぞれ鎖とじで合わせます。

● 身頃の縁編みは図の順で裾から編み始め、右前端に鎖2目のボタン穴を作ります。

● 袖口の13はa縁編みを輪に、14はc縁編みを輪の往復編みで編みます。

● 袖は身頃に鎖とじでつけ、左前端にボタンをつけます。

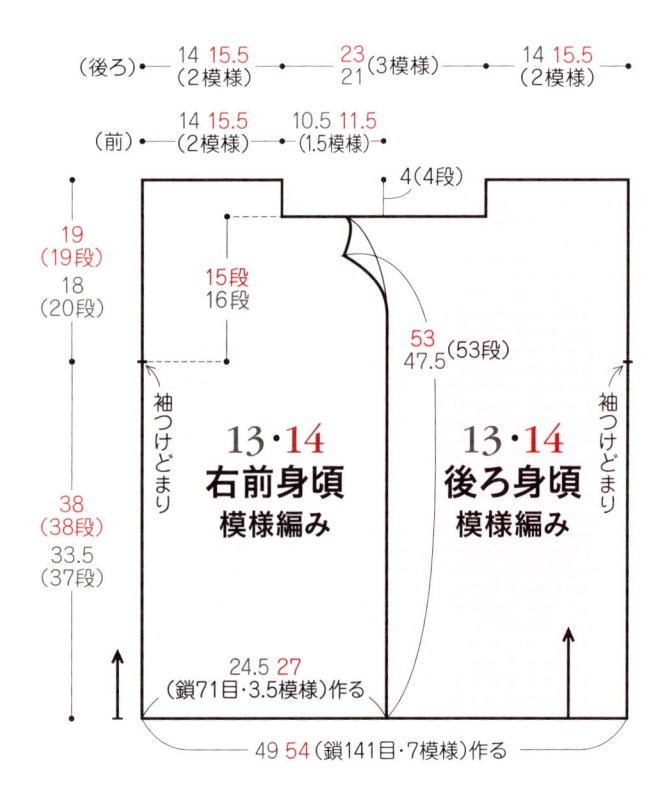

（後ろ）● 14 **15.5**（2模様）→ **23**（3模様）21 ← 14 **15.5**（2模様）●

（前）● 14 **15.5**（2模様）→ 10.5 **11.5**（1.5模様）●

4（4段）

19（19段）
18（20段）

15段
16段

53（53段）
47.5

38（38段）
33.5（37段）

袖つけどまり

13・14
右前身頃
模様編み

13・14
後ろ身頃
模様編み

袖つけどまり

24.5 **27**（鎖71目・3.5模様）作る

49 **54**（鎖141目・7模様）作る

記号の編み方は「編み目記号と基礎」を参照してください

◯ =鎖編み　　✕ =細編み
⋀ =細編み2目一度
⋔ =鎖3目のピコット編み
⊤ =長編み　　•— =引き抜き編み
V・W =長編み2目・3目
⋀・⋀ =長編み2目・3目一度

■ 文字の灰色は13、赤色は14、黒は共通です

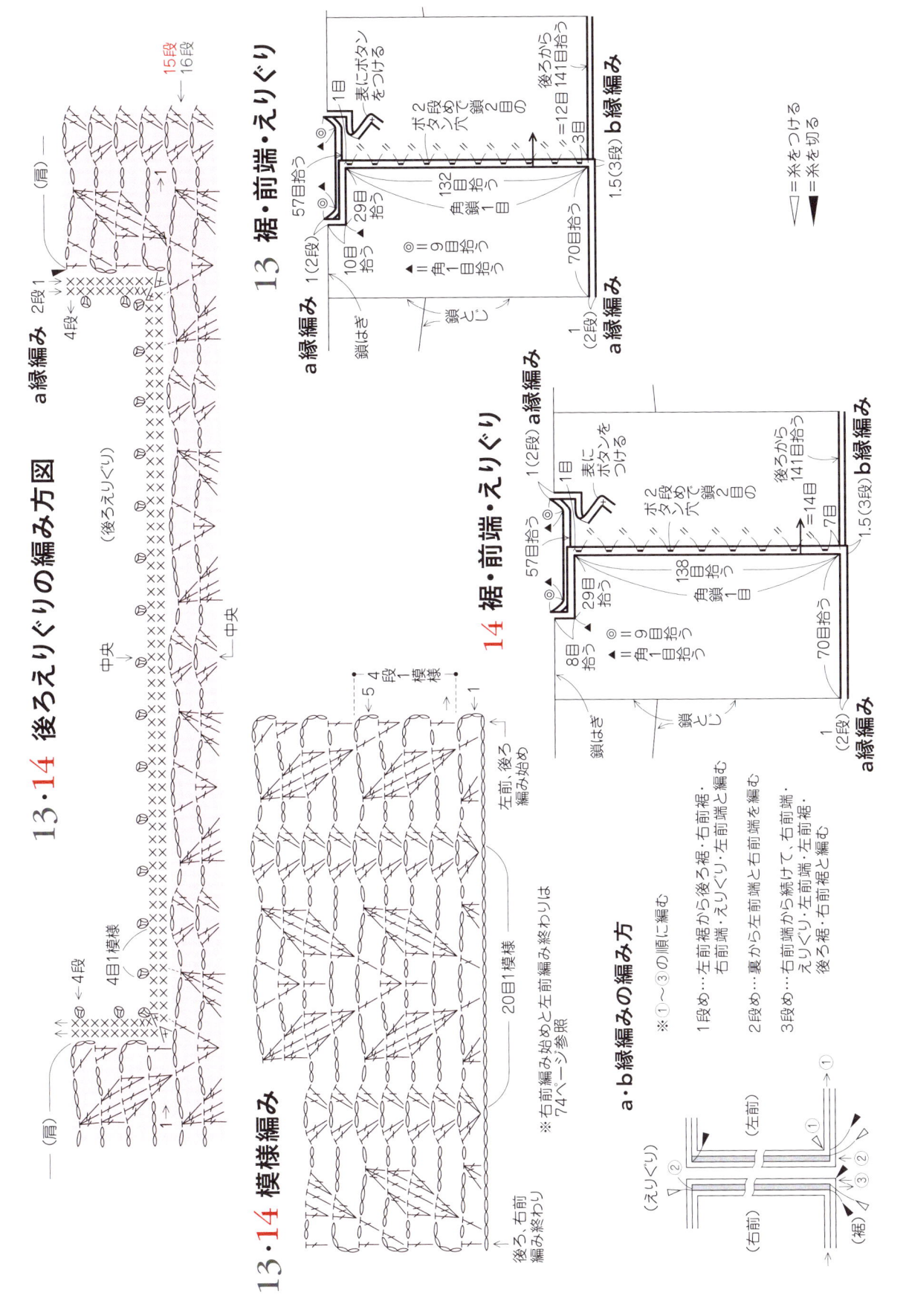

13 左前身頃の編み方図

14 右前身頃の編み方図

（えりぐり）

（肩）

鎖はぎ　（肩）

4段←　　　　　　　　　　　　←20段

②

53段←

50→

3 2 1
段

（前端）

b縁編み

a縁編み

19
段

←4段

（えりぐり）

②

53段←

→50

（前端）

→9

→5

→1

b縁編み

9←

5←

1←

①
①
②

（裾）

←1

2
段

a縁編み

①

1
2段

（裾）

a縁編み

①

③
③

1 3段

※右前身頃も同様に細編みで目を拾い、
①〜③の順にa・b縁編みを編む

※左前身頃も同様に細編みで目を拾い、
①〜③の順にa・b縁編みを編む

13 前端の拾い方

2段から
5目拾うを
26回くり返す

↓

26回め

1段から
2目拾う　（裾）

14 前端の拾い方

2段から
5目拾う

10回め

↑

5段から
13目拾うを
10回くり返す

1段から
3目拾う
（裾）

⊲ =糸をつける

◀ =糸を切る

■文字の灰色は13、**赤色は14**、黒は共通です

13 袖の編み方図

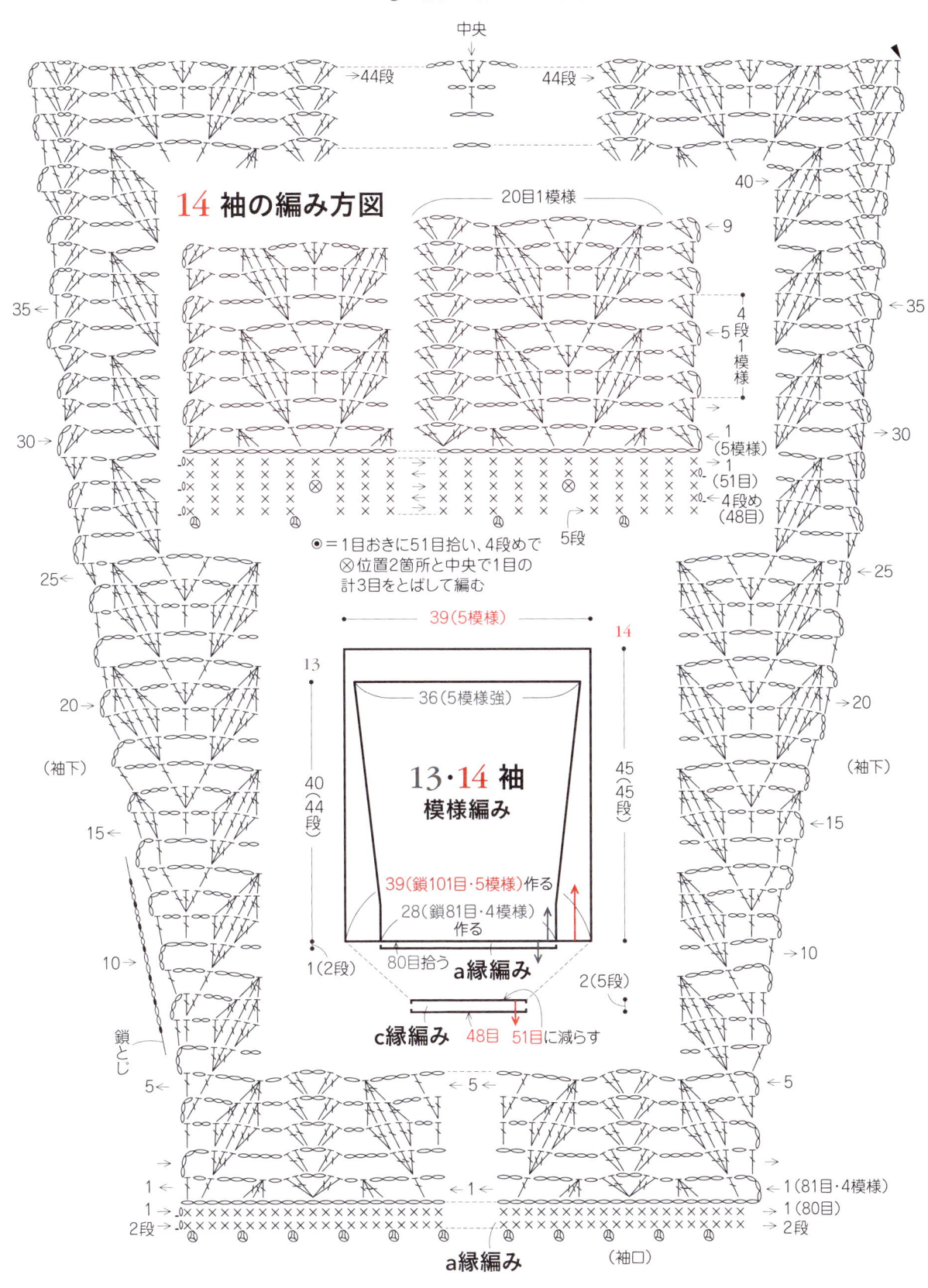

14 袖の編み方図

中央

←44段

44段→

20目1模様

←9

←40→

←35

35←

4段1模様

←1（5模様）

30←

→30

→1（51目）

4段め（48目）

◉=1目おきに51目拾い、4段めで ⊗位置2箇所と中央で1目の 計3目をとばして編む

5段

25←

←25

39（5模様）

14

13

20←

36（5模様強）

→20

40（44段）

13・14 袖 模様編み

45（45段）

（袖下）

（袖下）

15←

→15

39（鎖101目・5模様）作る

28（鎖81目・4模様）作る

10←

→10

1（2段）

80目拾う **a縁編み**

2（5段）

鎖とじ

c縁編み 48目 51目に減らす

5←

←5

→5

1←

←1

→1（81目・4模様）

1→

→1（80目）

2段→

→2段

a縁編み

（袖口）

75

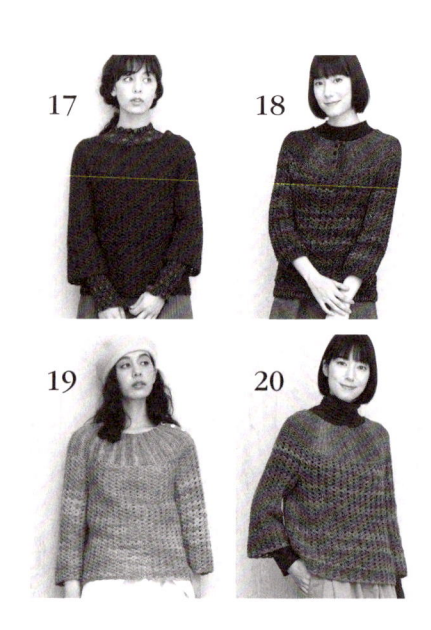

17 18 19 20

作品 ⑰ ⑱ ⑲ ⑳ 28・29・30・31 ページ

材料と用具 ...

糸／17 並太タイプのストレートヤーン（40g巻・約88m）の
ボルドーを520g
18 並太タイプのストレートヤーン（30g巻・約102m）の
紺×多色段染めを340g
19 並太タイプのストレートヤーン（30g巻・約93m）の
薄紫系段染めを330g
20 並太タイプのストレートヤーン（40g巻・約136m）の
マスタード系段染めを330g
針／17・18・19・20 共通　6/0号かぎ針
付属品／17・18・19・20 共通　直径1.5cmのボタンを各4個

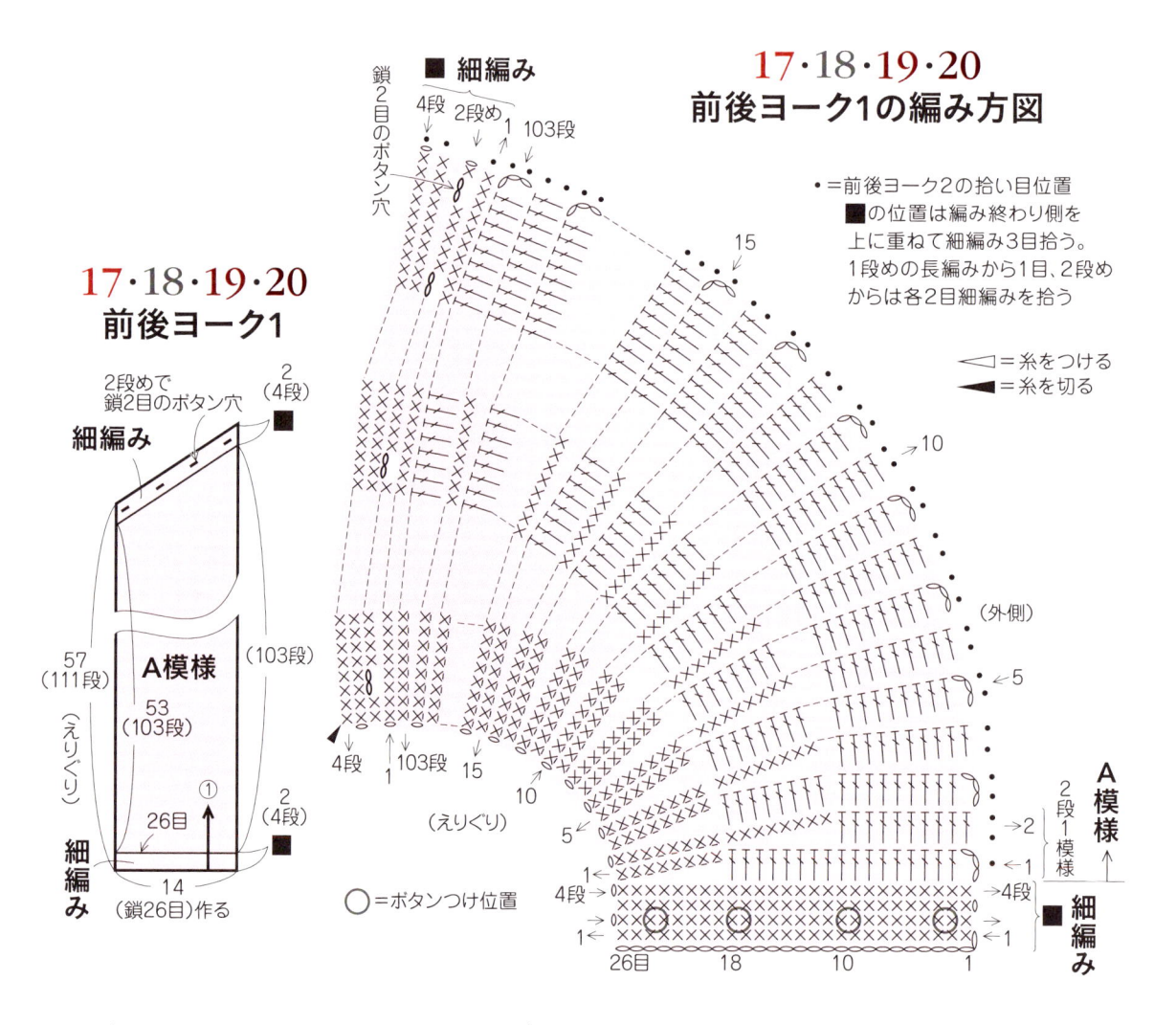

■文字の赤色は17、灰色は18、えんじは19、あずき色は20、黒は共通です

ゲージ 10cm四方...

17・18・19・20 共通
A模様 18.5目 19.5段（えりぐり側）
B模様 1模様（2.3cm）8.5段（10cm）

でき上がり寸法...

17・19・20 共通
　　胸回り 96cm
　　着たけ 53.5cm　ゆきたけ 62cm
18　胸回り 96cm
　　着たけ 57.5cm　ゆきたけ 66cm

編み方要点 ...

● 鎖編みの作り目をして前後ヨーク1を横編みで細編みとA模様を編みます。編み終わり側でボタン穴を作ります。
● 前後ヨーク2は前後ヨーク1の細編み部分（■）を重ねて目を拾い、細編みとB模様で輪に編みます。
● 前後ヨーク2を前後身頃、袖に分けます。まちは前後ヨーク2の指定位置に共糸をつけて鎖19目を編み、引き抜いて糸を切ります。
● 身頃はまちと前後ヨーク2から目を拾ってB模様で輪に編みます。18は続けてC模様を編みます。
● 袖はまちの指定位置に糸をつけ、身頃と同じ要領で編みます。
● 形を整えて指定位置にボタンをつけます。

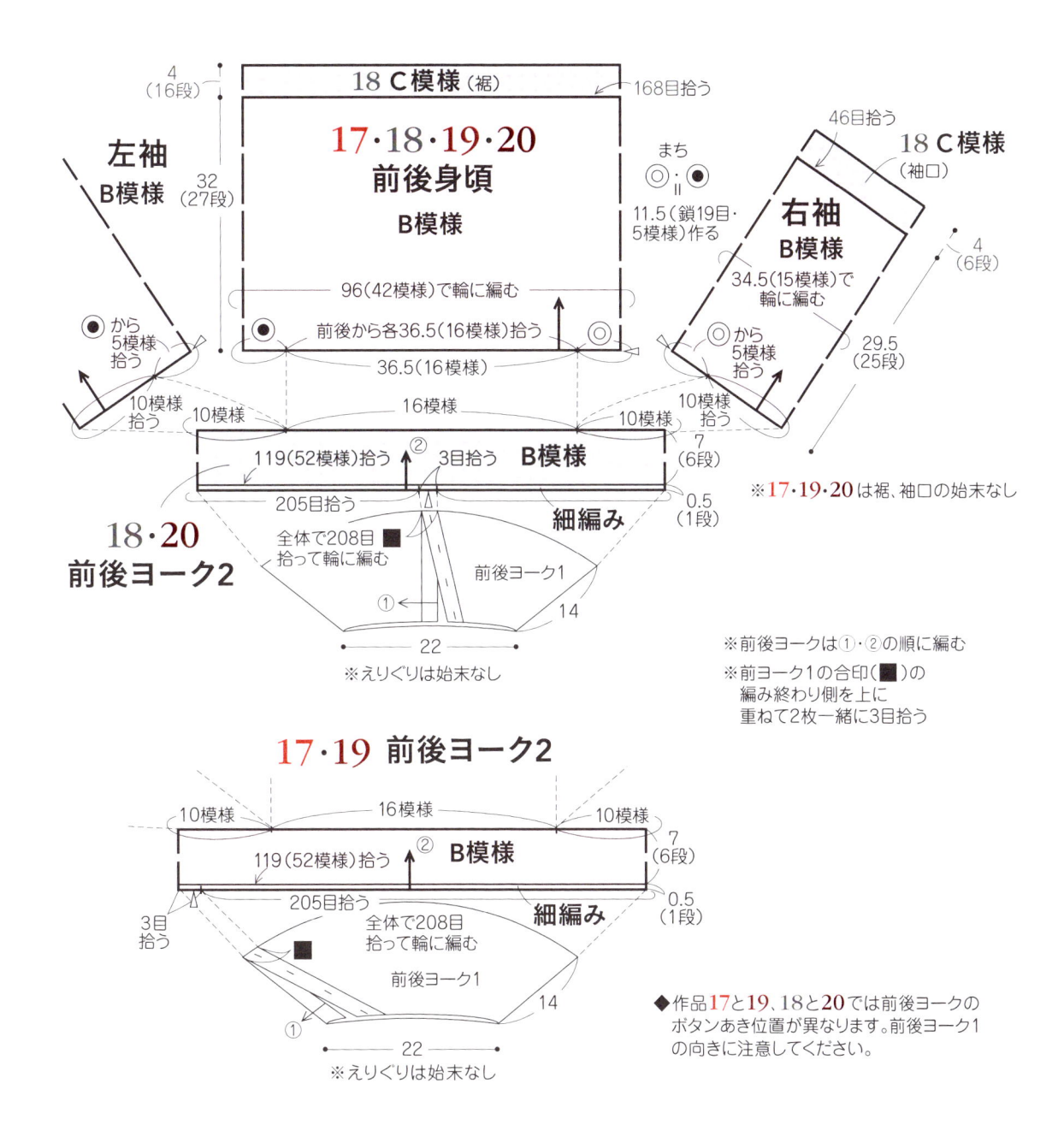

◆作品**17**と**19**、**18**と**20**では前後ヨークのボタンあき位置が異なります。前後ヨーク1の向きに注意してください。

17・18・19・20 前後身頃の編み方図

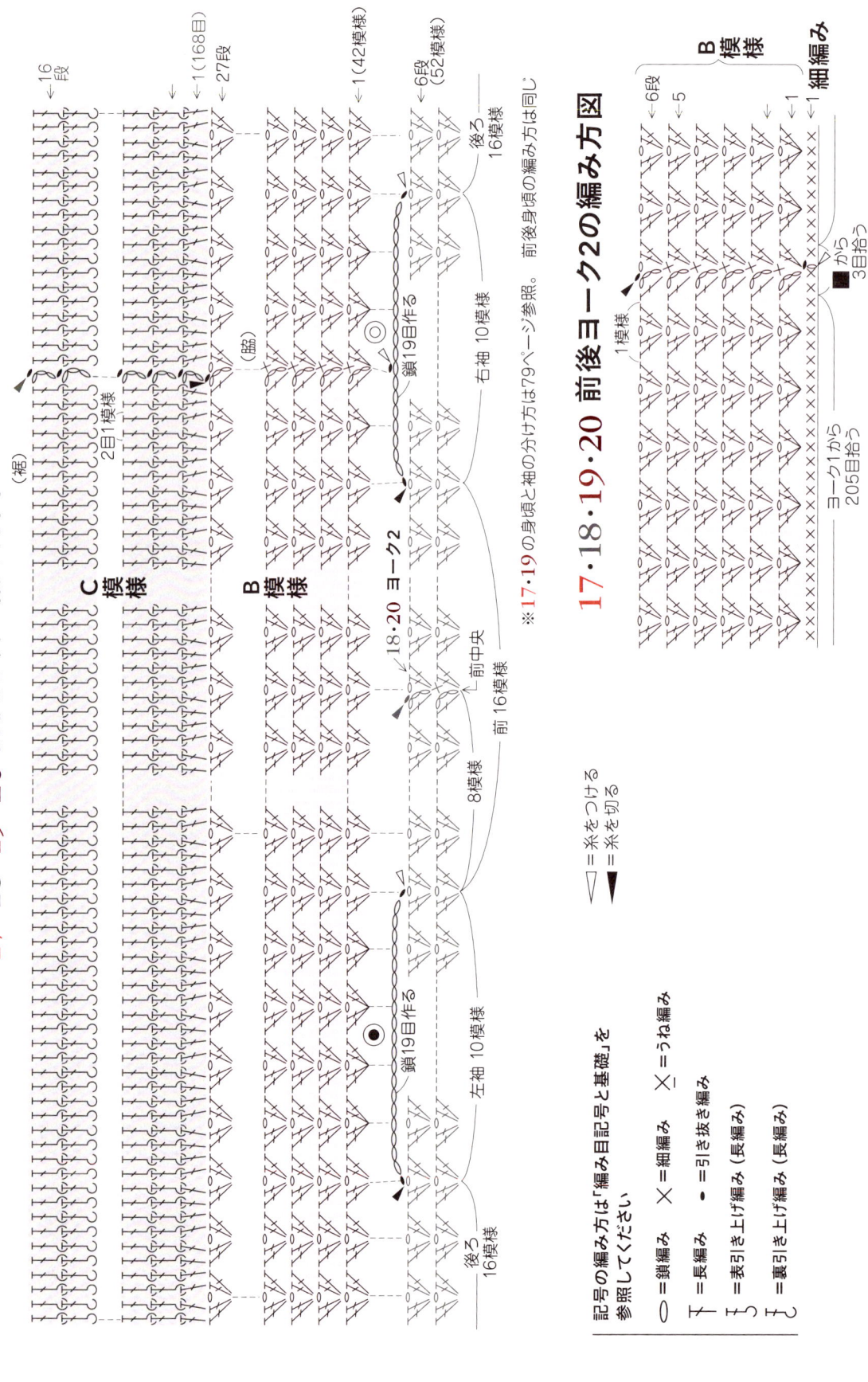

←16段

↓

←1（168目）

27段

←1（42模様）

←6段
（52模様）

後ろ
16模様

C模様

B模様

（裾）

（脇）

2目1模様

←18・20 ヨーク

前中央

8模様

前16模様

左袖10模様

鎖19目作る

右袖10模様

鎖19目作る

後ろ
16模様

※17・19の身頃と袖の分け方は79ページ参照。前後身頃の編み方は同じ

17・18・19・20 前後ヨークの編み方図

B模様

←6段
5
←1

細編み

1模様

←1

ヨークから
205目拾う

から
3目拾う

記号の編み方は「編み目記号と基礎」を
参照してください

◯ ＝鎖編み　　✕＝細編み　　メ＝うね編み

T ＝長編み　　●＝引き抜き編み

Ѯ ＝表引き上げ編み（長編み）

Ѯ ＝裏引き上げ編み（長編み）

◁ ＝糸をつける

◀ ＝糸を切る

78

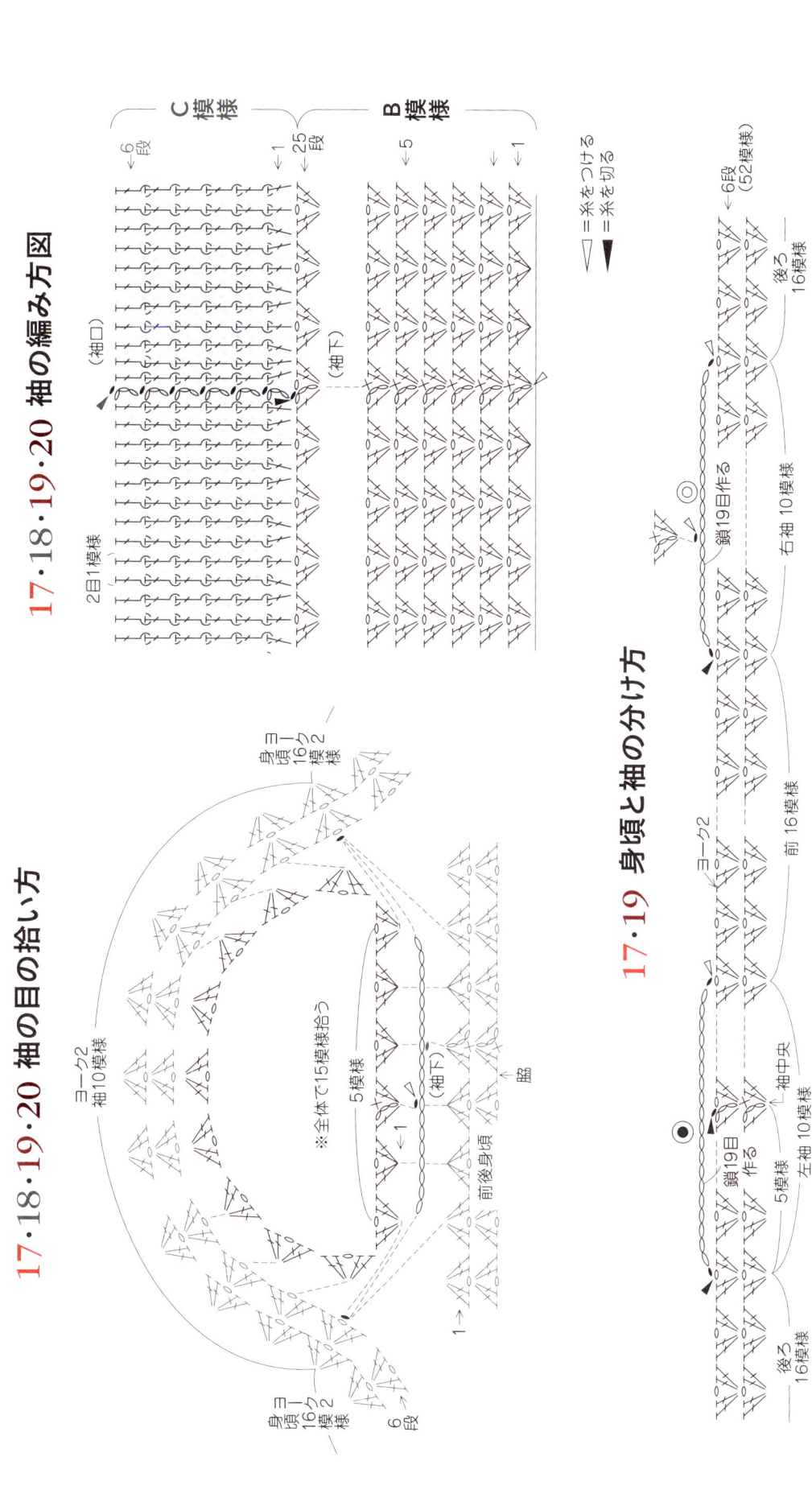

17・18・19・20 袖の編み方図

C模様　←6段　↑　↑1　25段
B模様　←5　↑　↑1

（袖口）
（袖下）
2目1模様

□ ＝糸をつける
▲ ＝糸を切る

17・18・19・20 袖の目の拾い方

ヨーク2　袖10模様
身頃16ク2模様
※全体で15模様拾う
5模様
（袖下）　←1
6段
1→
前後身頃
脇

17・19 身頃と袖の分け方

ヨーク2
鎖19目作る
右袖10模様
前16模様
←6段（52模様）
後ろ16模様
袖中央
左袖10模様
5模様
後ろ16模様
鎖19目作る

■文字の赤色は17、灰色は18、えんじは19、あずき色は20、黒は共通です

21

22

作品 (21)(22)　32・33 ページ

材料と用具 …

糸／21　合太タイプのストレートヤーン
　　　　（30g巻・約82m）の薄紫を450g
　　　　22　合太タイプのストレートヤーン
　　　　（35g巻・約87m）のルビー色系段染
　　　　めを480g

針／21　6/0号かぎ針
　　　22　7/0号かぎ針

ゲージ 10cm四方 …

21・22 共通　模様編み 22.5目 11段

でき上がり寸法 …

21　胸回り 122cm
　　着たけ 55cm　ゆきたけ 31.5cm
22　胸回り 122cm
　　着たけ 57.5cm　ゆきたけ 34cm

編み方要点 …

● 身頃A、Bは鎖編みの作り目をし、模
様編みで増減なく編みます。袖あき
どまりとえりあきどまりに糸印をつ
けます。

● 配置図を参照し、脇と合印どうしを
鎖とじで合わせます。

● 21のえりぐり、裾、袖ぐりは細編
みを往復で輪に編みます。

● 22の裾、袖ぐりは縁編み、えりぐ
りは細編みを往復で輪に編みます。

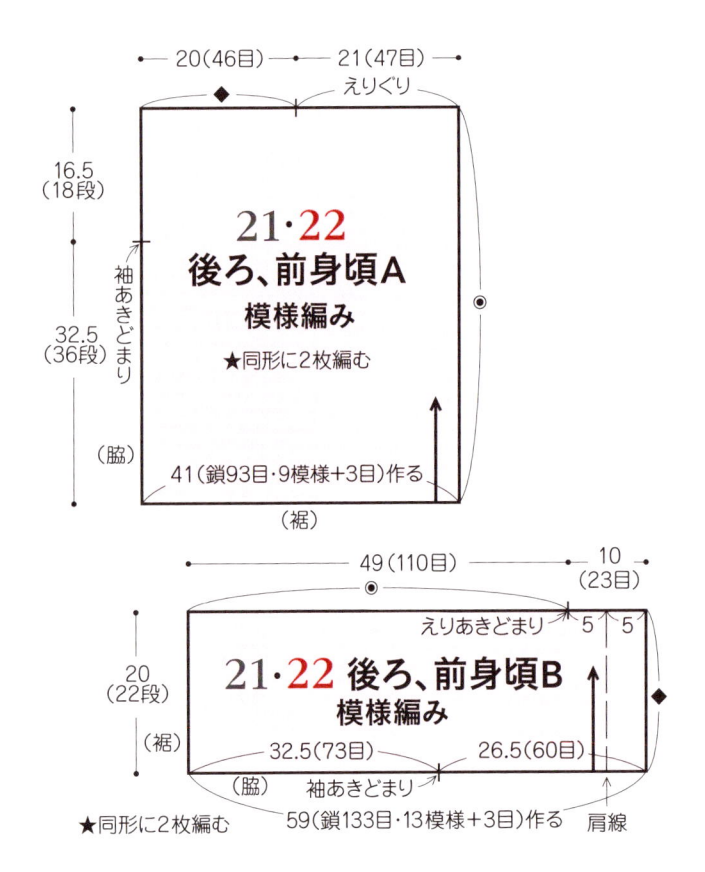

21・22 後ろ、前身頃A
模様編み
★同形に2枚編む

・20（46目）・　・21（47目）・
えりぐり
16.5（18段）
32.5（36段）
袖あきどまり
（脇）
41（鎖93目・9模様＋3目）作る
（裾）

21・22 後ろ、前身頃B
模様編み
★同形に2枚編む

49（110目）・10（23目）
えりあきどまり　5　5
20（22段）
（裾）
（脇）　袖あきどまり
32.5（73目）　26.5（60目）
59（鎖133目・13模様＋3目）作る　肩線

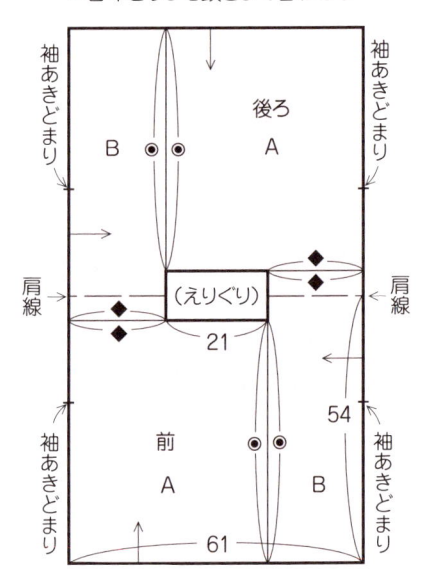

21・22 身頃の配置図

※合印どうしを鎖とじで合わせる

袖あきどまり　袖あきどまり
B　後ろ A
肩線　（えりぐり）　肩線
21
袖あきどまり　前 A B　袖あきどまり
54
61

■ 文字の灰色は21、赤色は22、黒は共通です

21・22 模様編み

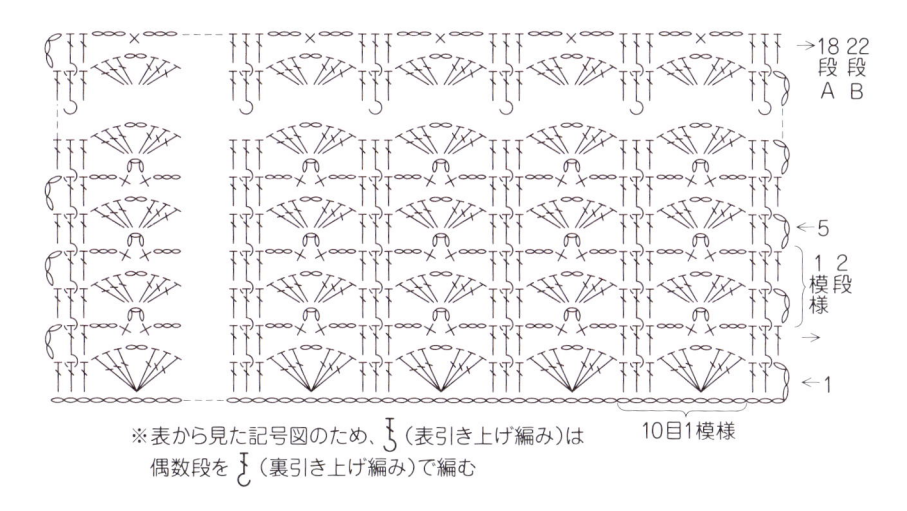

→18 22
段 段
A B

→5

1 2
模 段
様

→

←1

10目1模様

※表から見た記号図のため、⌇（表引き上げ編み）は
偶数段を⌇（裏引き上げ編み）で編む

21 えりぐり、裾、袖ぐり
細編み

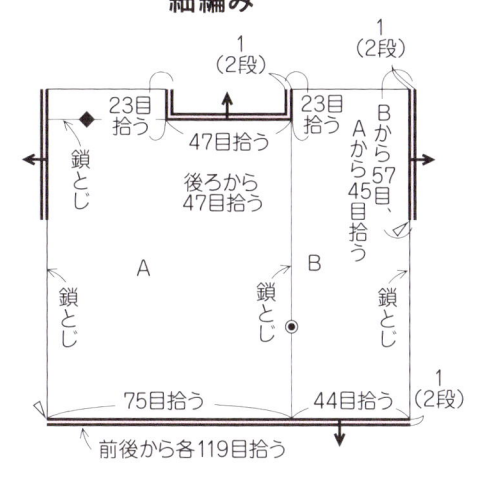

1
(2段)

1
(2段)

◆
23目拾う

47目拾う

23目拾う

Bから57目、Aから45目拾う

鎖とじ

後ろから47目拾う

A

B

鎖とじ

鎖とじ

鎖とじ

75目拾う

44目拾う

1
(2段)

前後から各119目拾う

22 えりぐり 細編み
裾、袖ぐり 縁編み

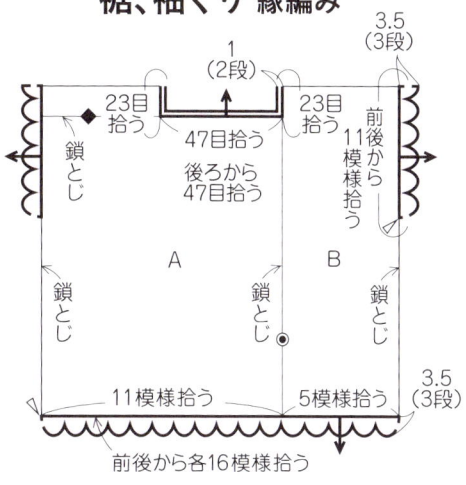

1
(2段)

3.5
(3段)

◆
23目拾う

47目拾う

23目拾う

鎖とじ

後ろから47目拾う

前後から11模様拾う

A

B

鎖とじ

鎖とじ

鎖とじ

11模様拾う

5模様拾う

3.5
(3段)

前後から各16模様拾う

21・22 鎖とじの合わせ方

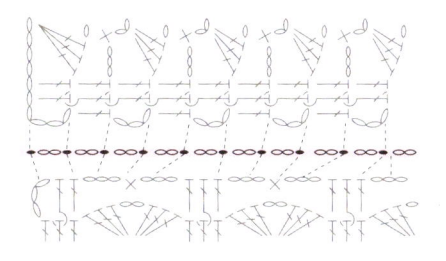

記号の編み方は
「編み目記号と基礎」を
参照してください

⬭ ＝鎖編み

✕ ＝細編み

𝖳 ＝長編み

• ＝引き抜き編み

⌇ ＝表引き上げ編み（長編み）

⌇ ＝裏引き上げ編み（長編み）

22 縁編み (裾)

※1段めはAの作り目の鎖を割って拾い、Bの段からは端の目をくつ拾う

1模様

Bから1めはAの「19目拾って1目とばす」を3回くり返す

8目から1模様を拾う
3回くり返す

脇

A　B

袖あきどまり

21・22 袖ぐりの拾い目位置

Aからは「2段から5目」を9回くり返す

9目から1模様を拾う

10目から1模様を拾う

9目から1模様を拾う

21 えりぐり、裾、袖ぐり
22 えりぐり

肩線

袖あきどまり

- ＝21 細編みの拾い目位置
- ▲＝22 長編みの4目の拾い目位置
- ●＝22 細編みの拾い目位置

4段から1模様を
2回くり返す

2回め

21 細編み (裾)

Bの1段から
2目拾う

Aの1模様から
8目拾う

脇

袖あきどまり

21・22 えりぐりの編み方図

※2段めの角は目をとばして編む

(肩)　　　(後ろ)　　(前)　　(肩)

(えりぐり)

■文字の灰色は21、赤色は22、黒は共通です

△＝糸をつける
▲＝糸を切る

82

作品 ⑮ ⑯ 26・27 ページ

材料と用具 ...

糸／15 合太タイプのストレートヤーン（30g
巻・約84m）のワインレッドを530g
16 並太タイプのストレートヤーン（40g
巻・約94m）のハニーマスタードを580g

針／15・16 共通　6/0号かぎ針

付属品／直径 2.5cmのボタンを15に2個、
16に6個

ゲージ 10cm四方 ...

15 B模様 18.5目 10.5段

16 B模様 18.5目 10段

でき上がり寸法 ...

15 胸回り 101cm
着たけ 73cm　ゆきたけ 26.5cm

16 胸回り 101cm
着たけ 62cm　ゆきたけ 26.5cm

編み方要点 ...

● 後ろは鎖編みの作り目をしてＡ模様を4段編みます。両端の内側2目は表引き上げ編みが続くので注意します。両端にＡ模様を配置し、Ｂ模様位置で長編み2目一度で1目減らして肩まで増減なく編みます。

● 前は後ろと同じ要領で編み始め、Ａ・Ｂ模様を増減なく編みます。えりぐりは左右に分け、図を参照して編みます。

● 肩は外側半目の巻きはぎで合わせます。えりぐりは指定の目数を拾い、縁編みを前中央のＶ先で目を減らしながら輪に編みます。

● 脇は前のＡ模様が上になるように後ろと重ね、2枚一緒にボタンで縫いとめます。

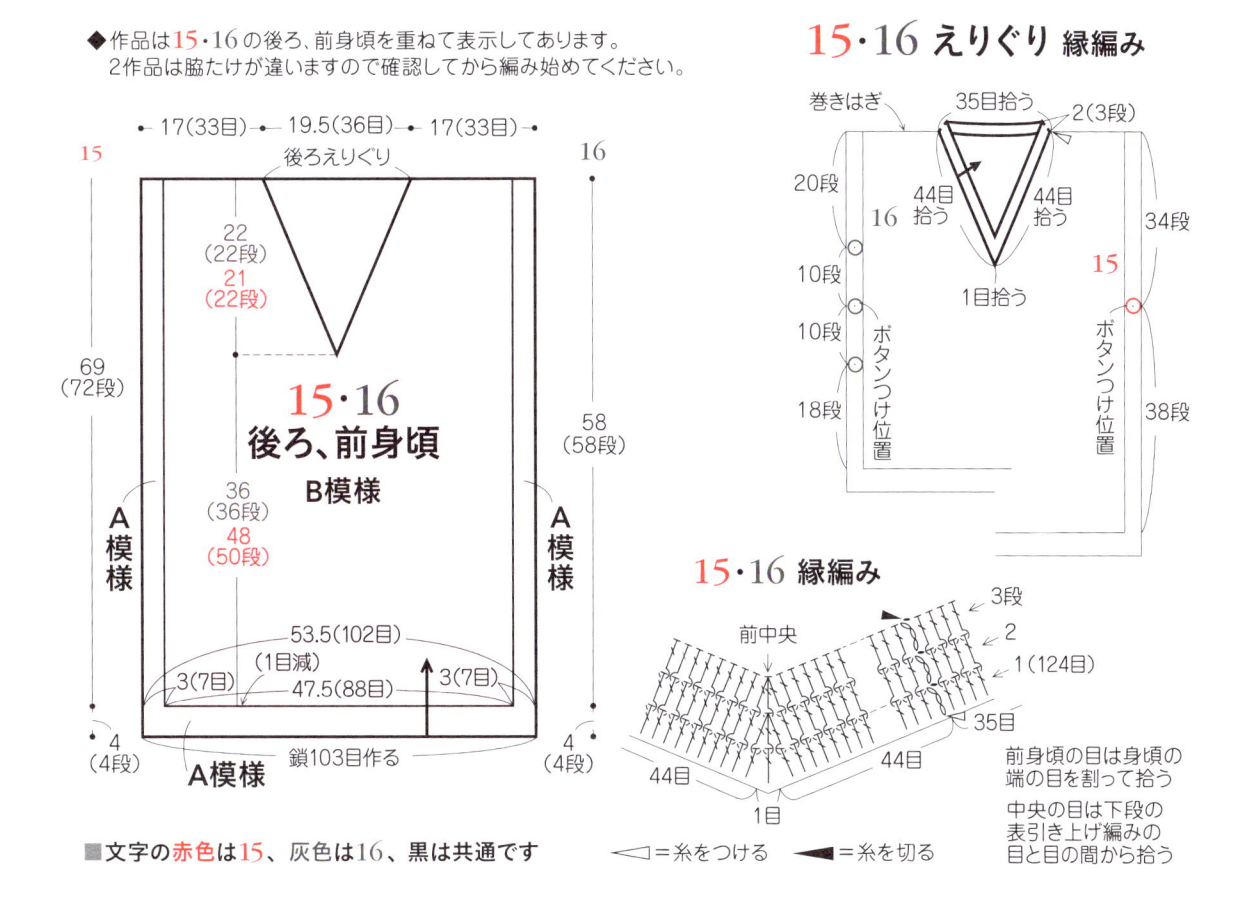

◆作品は15・16の後ろ、前身頃を重ねて表示してあります。
　2作品は脇たけが違いますので確認してから編み始めてください。

15・16 えりぐり 縁編み

15・16 後ろ、前身頃 B模様

15・16 縁編み

■文字の赤色は15、灰色は16、黒は共通です

◁＝糸をつける　◀＝糸を切る

15・16 後ろ、前身頃の編み方図

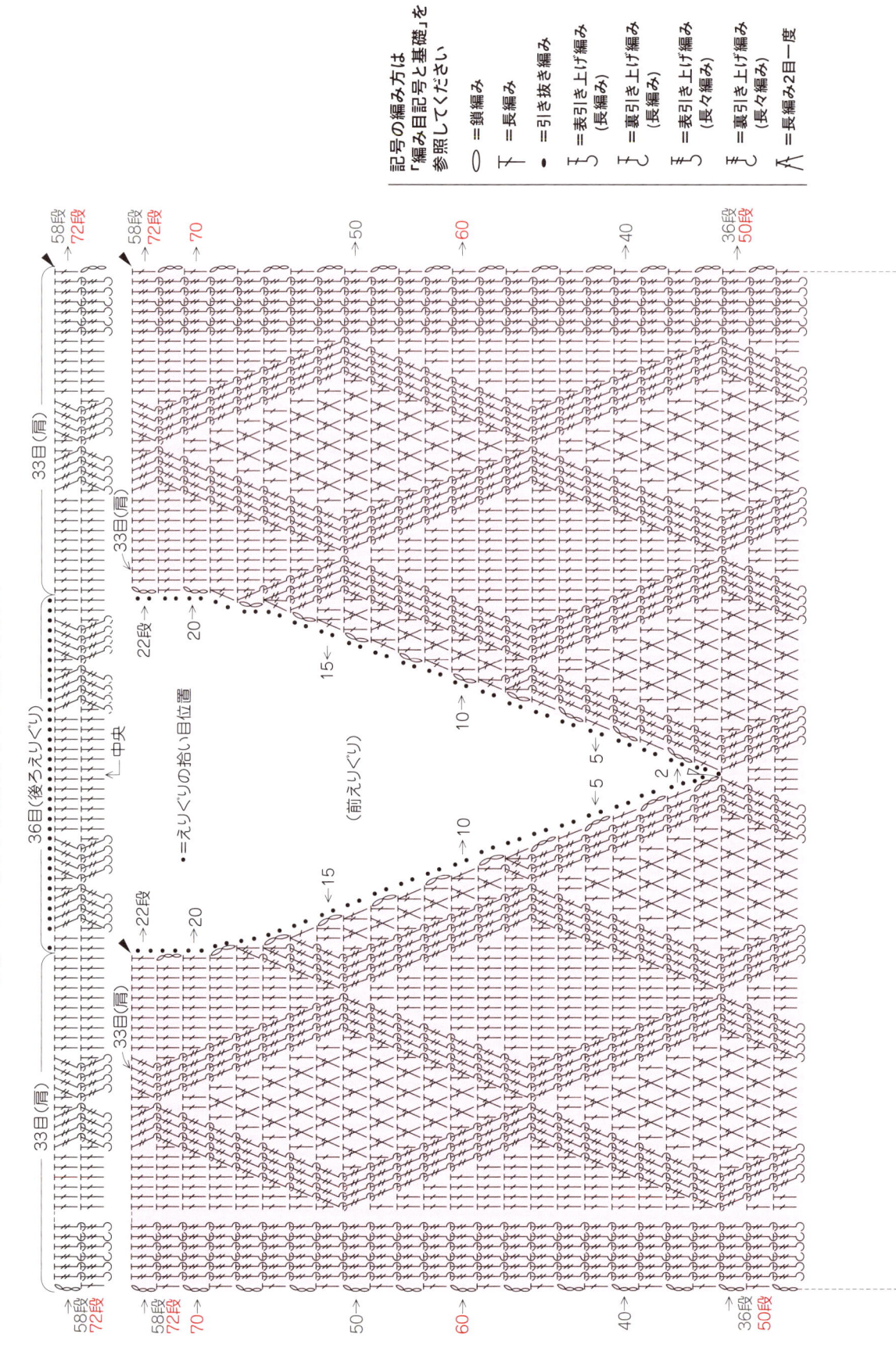

記号の編み方は
「編み目記号と基礎」を
参照してください

○ =鎖編み
┬ =長編み
● =引き抜き編み
₹ =表引き上げ編み（長編み）
₹ =裏引き上げ編み（長編み）
₹ =表引き上げ編み（長々編み）
₹ =裏引き上げ編み（長々編み）
人 =長編み2目一度

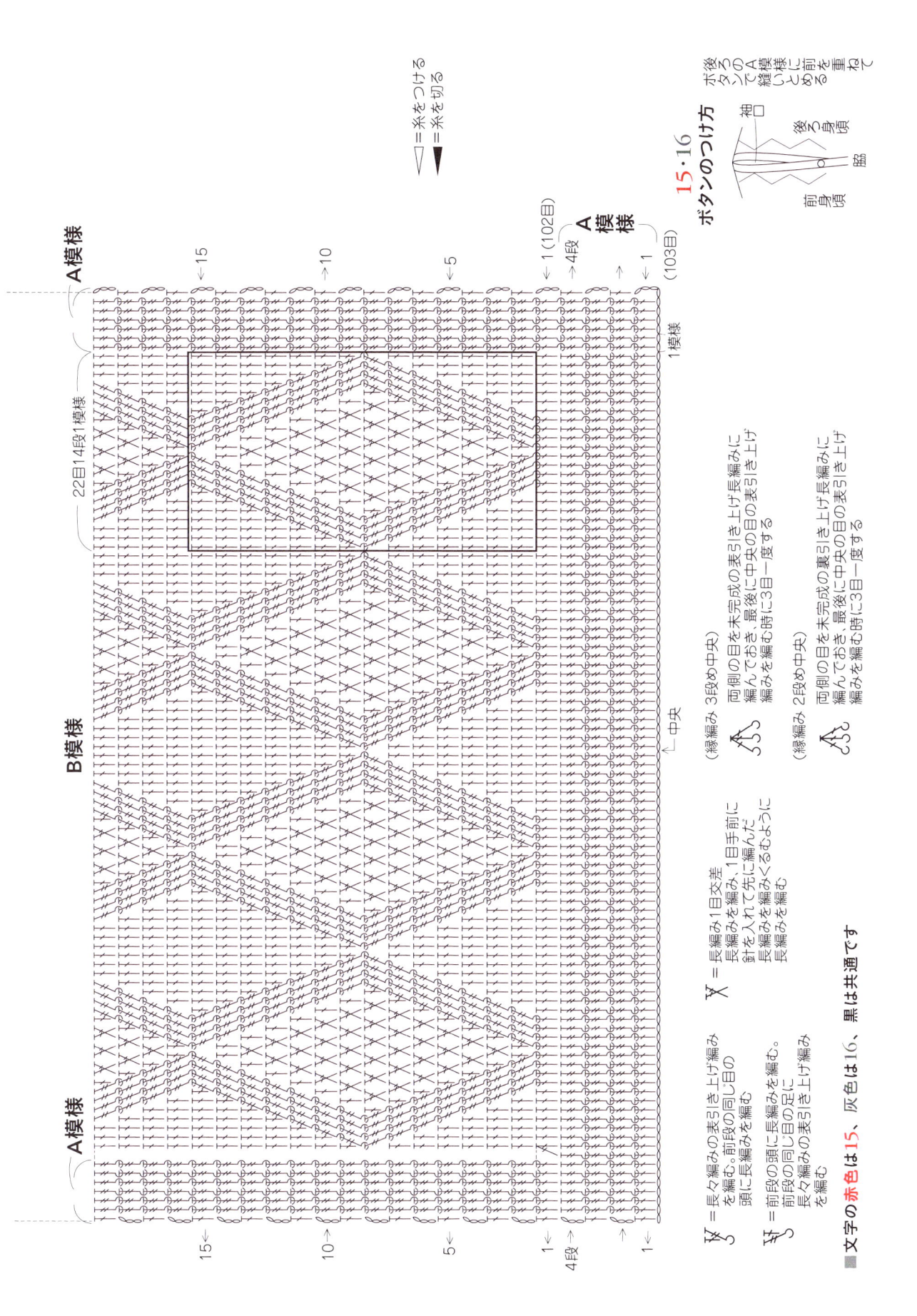

23

24

作品 ㉓ ㉔ 34・35 ページ

材料と用具 ...

糸／ 23 オリムパス ララ（30g巻・約109m
…合太タイプ）の2（黄色系段染め）を
350g（12玉）

24 オリムパス ララ（30g巻・約109m
…合太タイプ）の8（ネイビー系段染め）
を530g（18玉）

針／ 23・24共通　5/0号かぎ針

付属品／ 23に直径2cmのボタンを4個

ゲージ 10cm四方 ...

23・24共通　A模様 23目12段
24　B模様 22目11段　C模様 20.5目16段

でき上がり寸法 ...

23　胸回り 100cm
着たけ 55cm　ゆきたけ 25.5cm

24　胸回り 100cm
着たけ 55cm　ゆきたけ 72cm

編み方要点 ...

● 後ろ、前は鎖編みの作り目をし、
A模様で脇から脇へ増減なく編み
ます。えりぐりと 23 は袖あきど
まりとスリットあきどまり、24 は
袖つけどまりに糸印をつけます。

● 肩はすくいとじで合わせます。

● 24 の袖は身頃から目を拾い、B
模様で編み、目を減らしてC模
様で袖口を編みます。

● 脇はすくいはぎ、24 の袖下はす
くいとじで合わせます。

● えりぐり、23 の袖ぐりとスリット
あき・裾、24 の裾は細編みで整
えます。

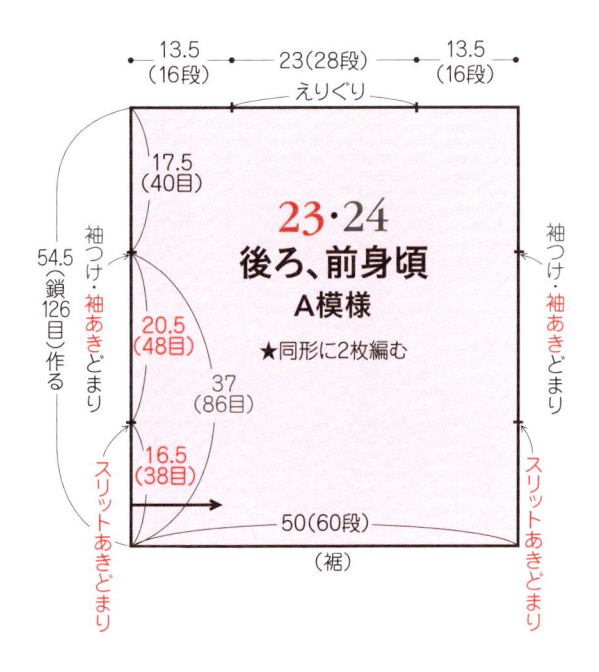

13.5（16段）　23（28段）　13.5（16段）
えりぐり

17.5（40目）

23・24
後ろ、前身頃
A模様

★同形に2枚編む

54.5（鎖126目）作る

袖つけ・袖あきどまり

20.5（48目）

37（86目）

16.5（38目）

スリットあきどまり

袖つけ・袖あきどまり

スリットあきどまり

50（60段）
（裾）

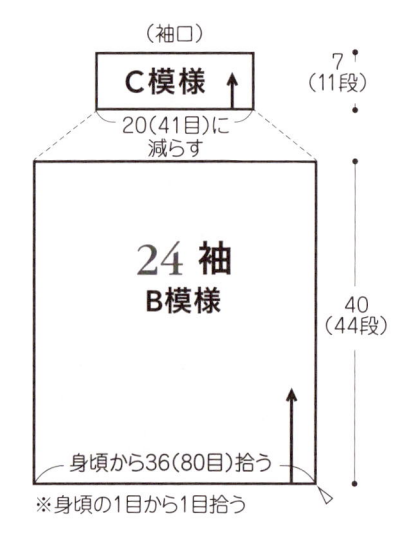

（袖口）

C模様 ↑

7（11段）

20（41目）に減らす

24 袖
B模様

40（44段）

身頃から36（80目）拾う

※身頃の1目から1目拾う

記号の編み方は「編み目記号と基礎」を参照してください

⌒＝鎖編み　　　✕＝細編み

•＝引き抜き編み　　┬＝長編み

⋀＝長編み2目一度

⌇＝表引き上げ編み（長編み）

⌇＝裏引き上げ編み（長編み）

■文字の赤色は23、灰色は24、黒は共通です

23・24 A模様

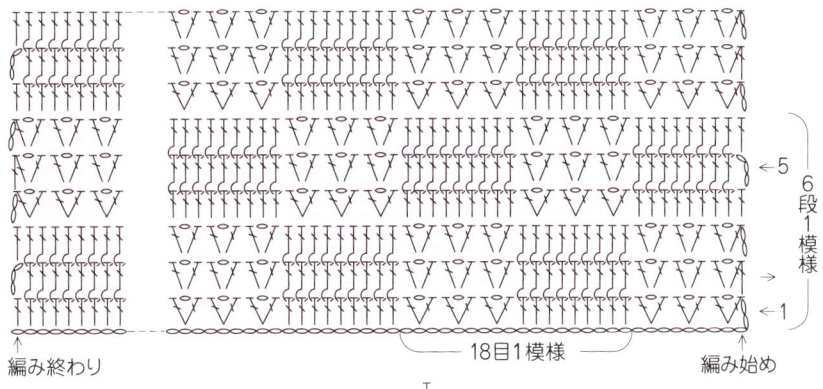

編み終わり

18目1模様　　編み始め

↙ =裏引き上げ編み　※表から見た記号図のため、偶数段は
　　　　　　　　　　　↙（表引き上げ編み）で編む

24 袖口の 拾い方

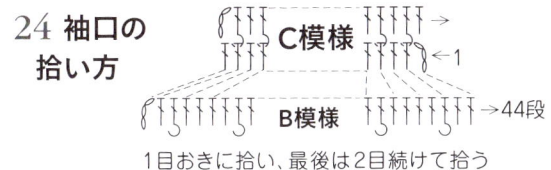

C模様　　←1

B模様　　→44段

1目おきに拾い、最後は2目続けて拾う

24 C模様　　24 B模様

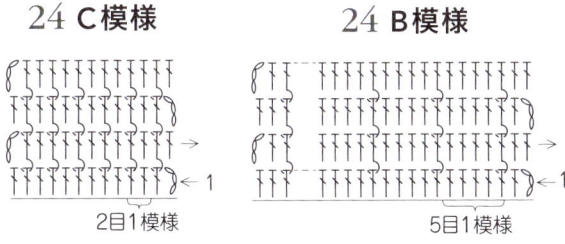

2目1模様　　5目1模様

↙ =表引き上げ編み　※表から見た記号図のため、偶数段は
　　　　　　　　　　　↙（裏引き上げ編み）で編む

23・24 えりぐりの編み方

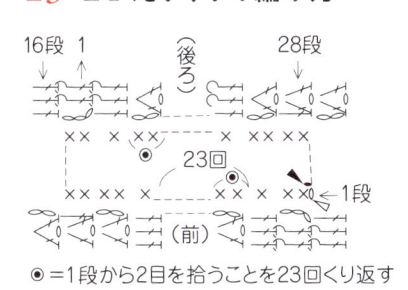

16段 1　（後ろ）　28段

23回　　　1段

（前）

◉ =1段から2目を拾うことを23回くり返す

◁ =糸をつける
◀ =糸を切る

23 えりぐり、袖ぐり、スリットあき・裾 細編み
24 えりぐり、裾 細編み

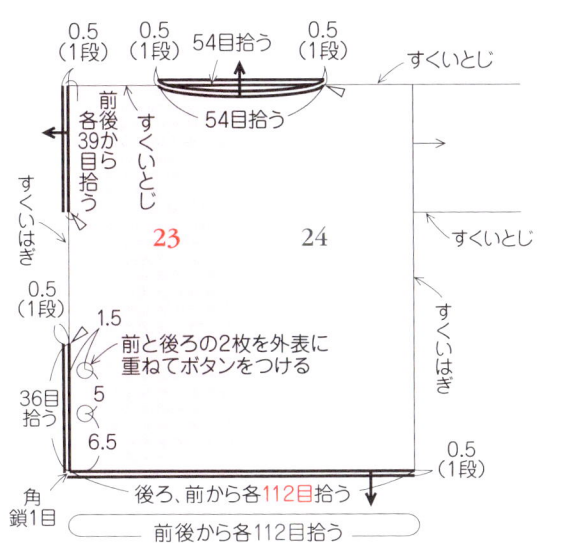

0.5（1段）　0.5（1段）　54目拾う　　0.5（1段）

すくいとじ

前後各39目拾う

すくいとじ

54目拾う

すくいはぎ

0.5（1段）

1.5

36目拾う

5

6.5

23　　24

すくいとじ

前と後ろの2枚を外表に重ねてボタンをつける

すくいはぎ

0.5（1段）

角鎖1目

後ろ、前から各112目拾う

前後から各112目拾う

23 スリットあきと
23・24 裾の拾い方

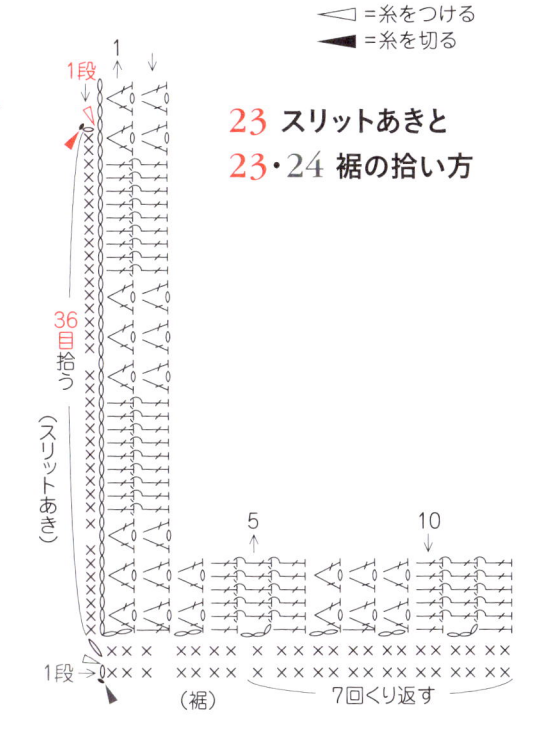

1

1段

36目拾う

（スリットあき）

5　　10

1段　　（裾）　　7回くり返す

25

27

作品 ㉕ ㉗ 36・39 ページ

材料と用具 …

糸／ 25　ニッケビクター毛糸　ニッケ シャイニーモヘア（40g巻・約128m…並太タイプ）の2305（ベージュ ラメ入り）を470g（12玉）
　　　27　オリムパス　ツリーハウス ブレス（40g巻・約129m…並太タイプ）の805（グリーン）を550g（14玉）

針／ 25　6/0号・5/0号かぎ針
　　　27　6/0号・5/0号・4/0 かぎ針

ゲージ 10cm四方 …

25・27 共通　A模様 18.5目 11段
　　　　　　　　B模様 19目 11段
27　長編み 19目 10段

でき上がり寸法 …

25　胸回り 106cm
　　着たけ 71.5cm　ゆきたけ 30.5cm
27　胸回り 106cm
　　着たけ 55cm　ゆきたけ 71cm

編み方要点 …

● 後ろ、前ともに鎖編みの作り目をし、A・B・A'模様で 25 はスリットあきどまりと袖あきどまり、27 は袖つけどまりに糸印をつけて肩まで増減なく編みますが、えりぐりは減らします。裾は作り目から目を拾い、縁編みを編みます。

● 27 の袖は鎖編みの作り目をし、長編みとC模様で袖下を増しながら編みます。作り目から目を拾い、縁編みを編みます。

● 肩は半目の巻きはぎで合わせます。25 の袖ぐりは前後身頃から目を拾い、縁編みを編みます。

● 脇、25 の袖ぐり端、27 の袖下はすくいとじで合わせます。えりは縁編みを輪の往復編みで編みますが、27 は針の号数をかえながら編みます。

● 25 のスリットあきは細編みで整えます。27 の袖は身頃に引き抜きとじでつけます。

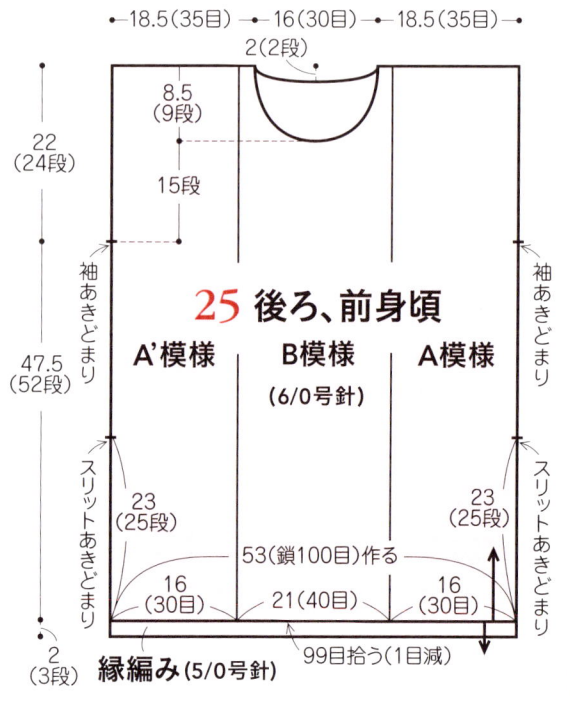

←18.5（35目）→ ←16（30目）→ ←18.5（35目）→
2（2段）

8.5（9段）

15段

22（24段）

47.5（52段）

2（3段）

袖あきどまり　　袖あきどまり

スリットあきどまり　　スリットあきどまり

25 後ろ、前身頃
A'模様　　B模様（6/0号針）　　A模様

23（25段）　　23（25段）

53（鎖100目）作る

16（30目）　21（40目）　16（30目）

99目拾う（1目減）

縁編み（5/0号針）

● 作品25・27の後ろ、前身頃の編み方図は90・91ページにあります

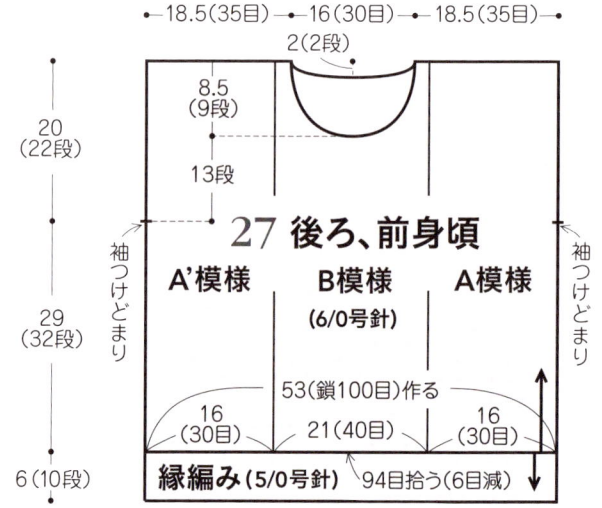

←18.5（35目）→ ←16（30目）→ ←18.5（35目）→
2（2段）

8.5（9段）

13段

20（22段）

29（32段）

6（10段）

袖つけどまり　　袖つけどまり

27 後ろ、前身頃
A'模様　　B模様（6/0号針）　　A模様

53（鎖100目）作る

16（30目）　21（40目）　16（30目）

縁編み（5/0号針）　94目拾う（6目減）

記号の編み方は「編み目記号と基礎」を参照してください

◯ ＝鎖編み　　✕ ＝細編み　　∧・⋀ ＝細編み2目一度

T ＝中長編み　　￤ ＝長編み　　• ＝引き抜き編み

ʃ ＝表引き上げ編み（長編み）　　ʃ ＝裏引き上げ編み（長編み）

ʃ ＝表引き上げ編み（長々編み）　　ʃ ＝裏引き上げ編み（長々編み）

■文字の赤色は25、灰色は27、黒は共通です

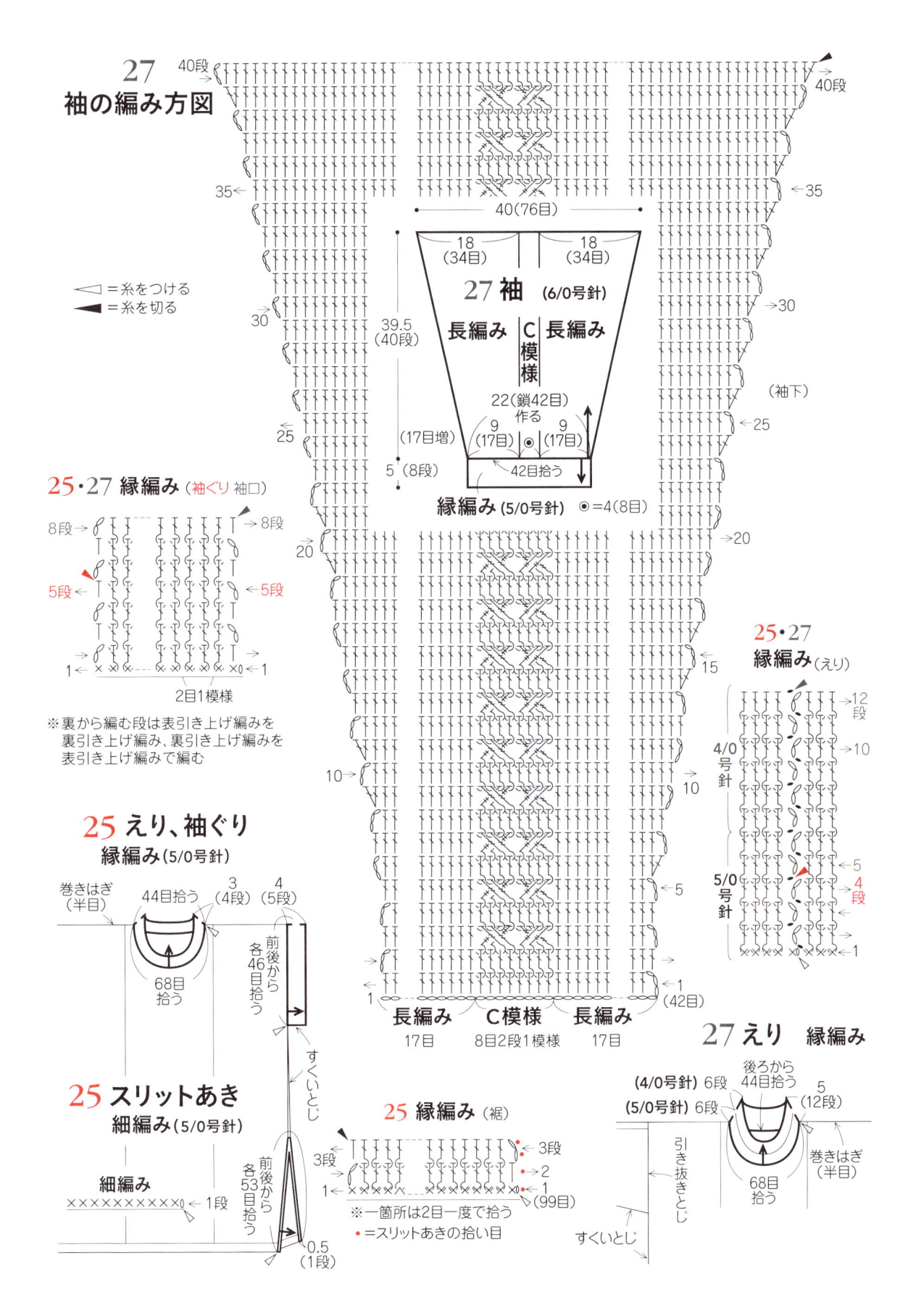

27 袖の編み方図

40段

40段

35← →35

〇=糸をつける
◀=糸を切る

30 →30

25 →25

40(76目)

18(34目) 18(34目)

27 袖 (6/0号針)

長編み C模様 **長編み**

39.5(40段)

22(鎖42目)作る

9(17目) ◉ 9(17目)

(17目増)

5(8段)

42目拾う

縁編み (5/0号針) ◉=4(8目)

(袖下)

→20

20

15 →15

10→ 10

5 →5

1 →1(42目)

1

長編み 17目 **C模様** 8目2段1模様 **長編み** 17目

25・27 縁編み (袖ぐり 袖口)

8段→ →8段

5段← ←5段

1← × × ×0→1

2目1模様

※裏から編む段は表引き上げ編みを
裏引き上げ編み、裏引き上げ編みを
表引き上げ編みで編む

25・27 縁編み (えり)

→12段

4/0号針 →10

5/0号針 →5
4段

× × ×0 →1

25 えり、袖ぐり
縁編み (5/0号針)

巻きはぎ(半目)

44目拾う

3(4段) 4(5段)

68目拾う

前後から各46目拾う

すくいとじ

25 スリットあき
細編み (5/0号針)

細編み

×××××××××0 →1段

前後から各53目拾う

0.5(1段)

25 縁編み (裾)

3段 →3段

→2

1 →1(99目)

※一箇所は2目一度で拾う
•=スリットあきの拾い目

すくいとじ

27 えり 縁編み

(4/0号針) 6段 後ろから44目拾う 5(12段)

(5/0号針) 6段

68目拾う

巻きはぎ(半目)

引き抜きとじ

すくいとじ

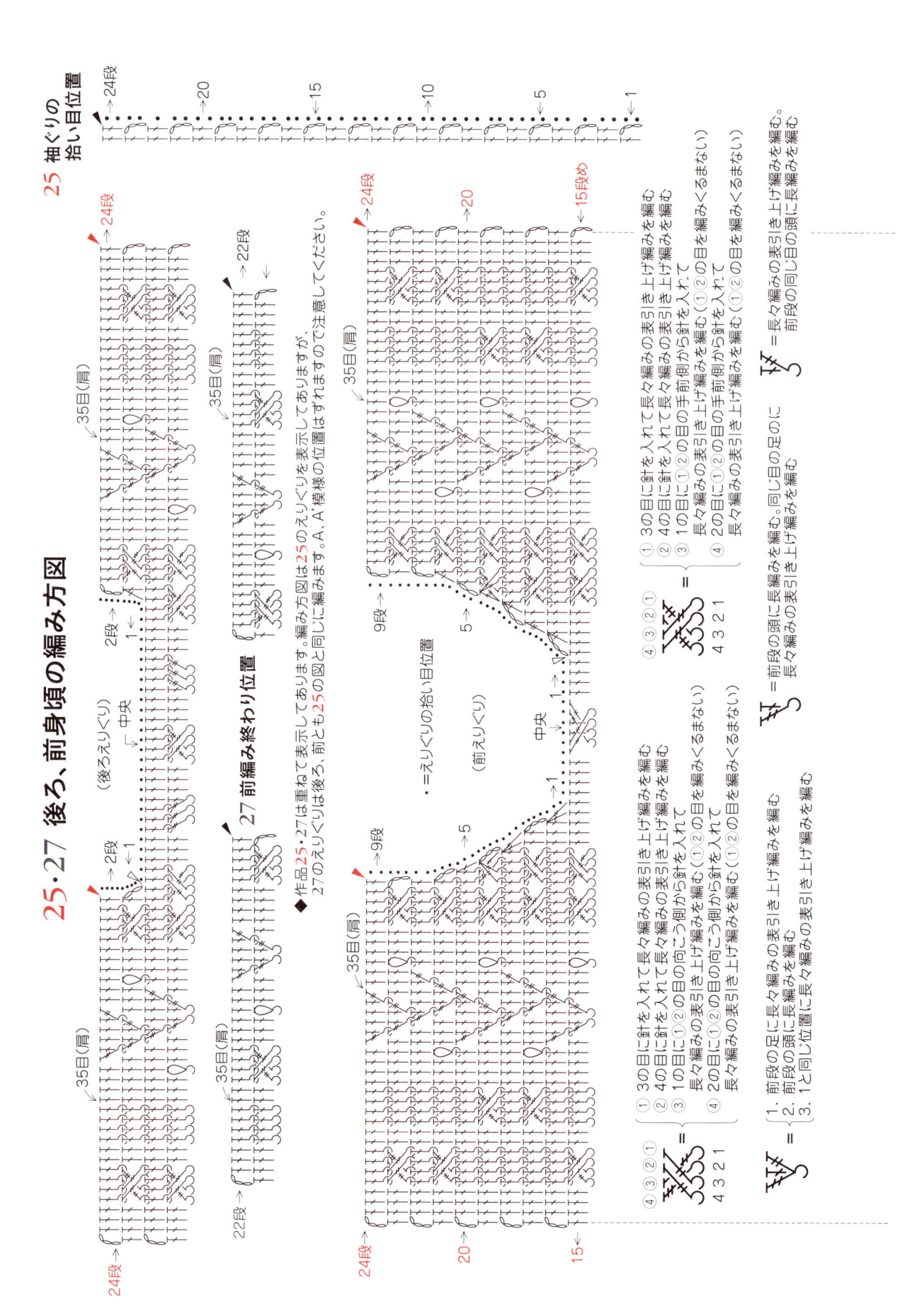

25・27 後ろ、前身頃の編み方図

25 袖ぐりの 拾い目位置

27 前編み終わり位置

◆作品25・27は重ねて表示してあります。編み方図は25のえりぐりを表示してあります。 27のえりぐりは後ろ、前とも25の図と同じに編みます。A、A模様の位置はずれますのでご注意してください。

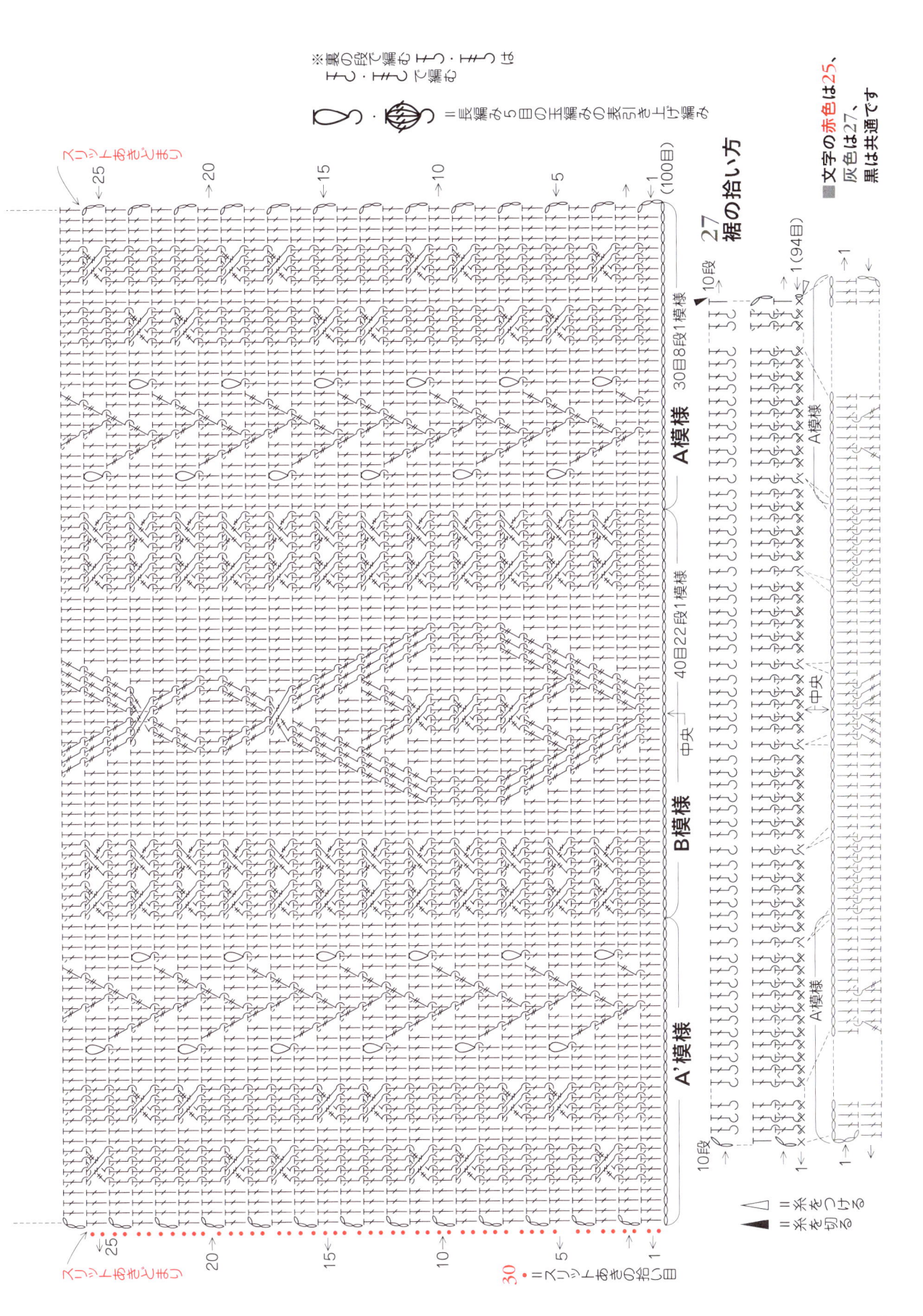

※裏の段で編むまつ・玉編は
まつ・玉編で編む

ⵎ・⬇ =長編み5目の玉編みの表引き上げ編み

裾の拾い方

■文字の赤色は25、
灰色は27、
黒は共通です

A模様　30目8段1模様

A'模様　B模様　40目22段1模様　A模様

⚫ =糸をつける
▲ =糸を切る

スリットあき止まり

25　20　15　10　5　1(100目)

スリットあき止まり
25　20　15　10　5　1
30・ =スリットあきの目の拾い目

91

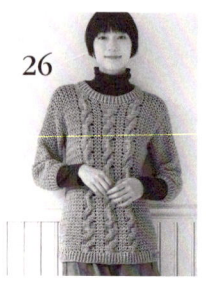
26

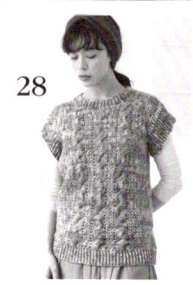
28

29

作品 ㉖ ㉘ ㉙ 38・40・41 ページ

材料と用具 ...

糸／**26** 合太タイプのストレートヤーン（30g巻・約82m）のセピアを470g

28 合太タイプのストレートヤーン（35g巻・約87m）のイエロー系段染めを430g

29 ニッケビクター毛糸　ニッケ シャイニーモヘア（40g巻・約128m…並太タイプ）の生成リラメ入り（2301・廃色）を435g（11玉）

針／**26・28・29** 共通　6/0号かぎ針

ゲージ 10cm四方 ...

26・28・29 共通　A模様 21目 10段
B模様 24目 10段
C模様 19.5目 13段

でき上がり寸法 ...

26 胸回り 92cm　着たけ 57cm
背肩幅 38cm　袖たけ 34cm

28 胸回り 92cm　着たけ 59cm
背肩幅 38cm　袖たけ 9cm

29 胸回り 92cm　着たけ 59cm
背肩幅 38cm　袖たけ 54cm

編み方要点 ...

● 後ろは鎖編みの作り目でA・B模様を配して編み、袖ぐりを減らします。前は後ろと同じ要領で編みますが、えりぐりも減らします。

● 裾は作り目から目を拾い、C模様を編みます。

● 肩を巻きはぎ（半目）で合わせ、袖は前後身頃から目を拾い、**26・29**はA模様で袖下を減らしながら、**28**はC模様で増減なく編みます。続けて**26・29**は袖口をC模様で編みます。

● 脇、袖下をそれぞれすくいとじで合わせます。

● えりはC模様で輪に編みます。

● 作品 **26・28・29** の後ろ、前身頃の編み方図は94・95ページにあります

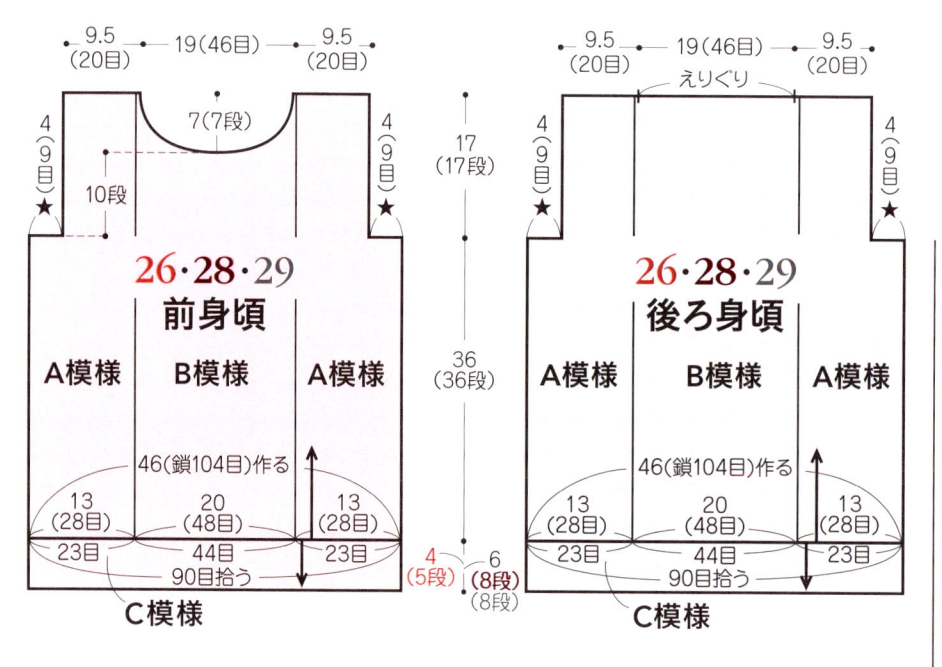

記号の編み方は「編み目記号と基礎」を参照してください

⌣ ＝鎖編み
╳ ＝細編み
╀ ＝長編み
╪ ＝長々編み
• ＝引き抜き編み
╎ ＝表引き上げ編み（長編み）
╎ ＝裏引き上げ編み（長編み）
⋀ ＝長編み2目一度

■ 文字の**赤色**は26、**あずき色**は28、灰色は29、黒は共通です

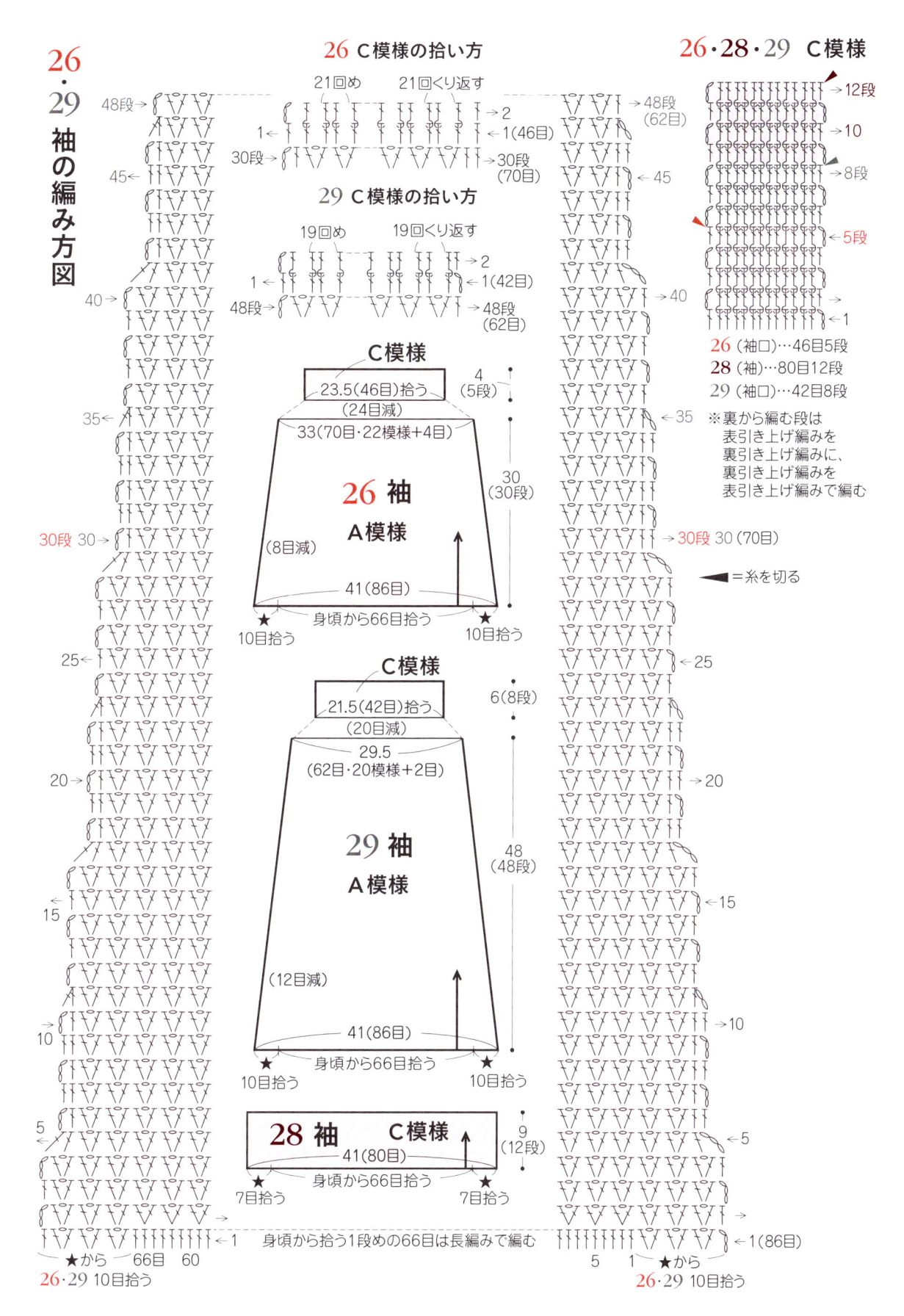

26・29 袖の編み方図

26 C模様の拾い方

26・28・29 C模様

29 C模様の拾い方

C模様
23.5(46目)拾う
(24目減)
33(70目・22模様+4目)
4(5段)

26 袖
A模様

30(30段)
(8目減)
41(86目)
身頃から66目拾う
★10目拾う ★10目拾う

C模様
21.5(42目)拾う
(20目減)
29.5(62目・20模様+2目)
6(8段)

29 袖
A模様

48(48段)
(12目減)
41(86目)
身頃から66目拾う
★10目拾う ★10目拾う

28 袖 C模様
41(80目)
身頃から66目拾う
★7目拾う ★7目拾う
9(12段)

身頃から拾う1段めの66目は長編みで編む

★から 66目 60
26・29 10目拾う

★から 5 1
26・29 10目拾う

26(袖口)…46目5段
28(袖)…80目12段
29(袖口)…42目8段

※裏から編む段は
表引き上げ編みを
裏引き上げ編みに、
裏引き上げ編みを
表引き上げ編みで編む

◀=糸を切る

26・28・29 後ろ、前身頃の編み方図

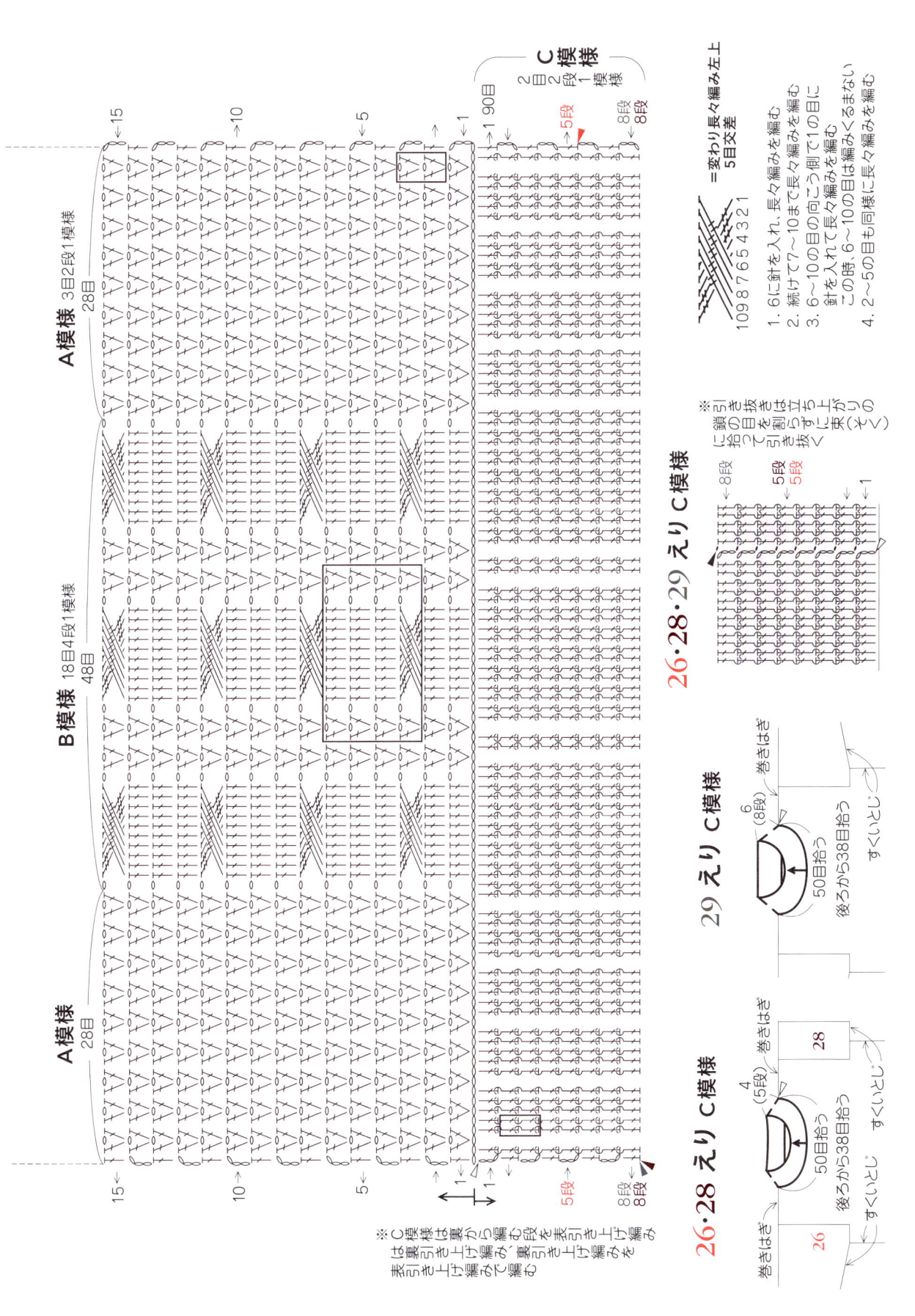

30

31

32

作品 ③⓪ ③① ③② 42・44・45ページ

材料と用具 ...

糸／30 並太タイプのストレートヤーン（30g巻・約83m）のチャコールグレーを490g
　　31 合太タイプのストレートヤーン（40g巻・約140m）のからし色を320g
　　32 並太タイプのストレートヤーン（40g巻・約136m）の赤系段染めを330g
針／30・31・32共通　6/0号かぎ針
付属品／30・31に直径2.5cmのボタンを各5個
　　　　32に直径2.3cmのボタンを3個

ゲージ 10cm四方 ...

30・31・32共通　長編み 18目8段

でき上がり寸法 ...

30　胸回り96cm　着たけ62.5cm
　　背肩幅35cm　袖たけ59cm（折り返し分含む）
31　胸回り96cm　着たけ52.5cm
　　背肩幅35cm　袖たけ52.5cm
32　胸回り96cm　着たけ75cm
　　背肩幅39cm

編み方要点 ...

● 後ろ、前は鎖編みの作り目をして、長編みで編み、袖ぐりとえりぐりを減らします。前は前あきのため左右対称に編みます。
● 30・31の袖は身頃と同じ作り目をし、袖下を増し、袖山を減らします。
● 肩は巻きはぎ（半目）で合わせ、脇、袖下をそれぞれ鎖とじで合わせます。
● 裾、前立て、えりはうね編みを往復に、30・31は袖口、32は袖ぐりをうね編みで輪の往復編みに編みます。前立ては右前立てにボタン穴を作ります。
● 前立てとえりの合印を合わせて表面をまつります。
● 30・31は袖を身頃に引き抜きとじでつけます。
● 形を整えて左前立てにボタンをつけます。

● 作品30・31の袖の製図、編み方図は100ページにあります

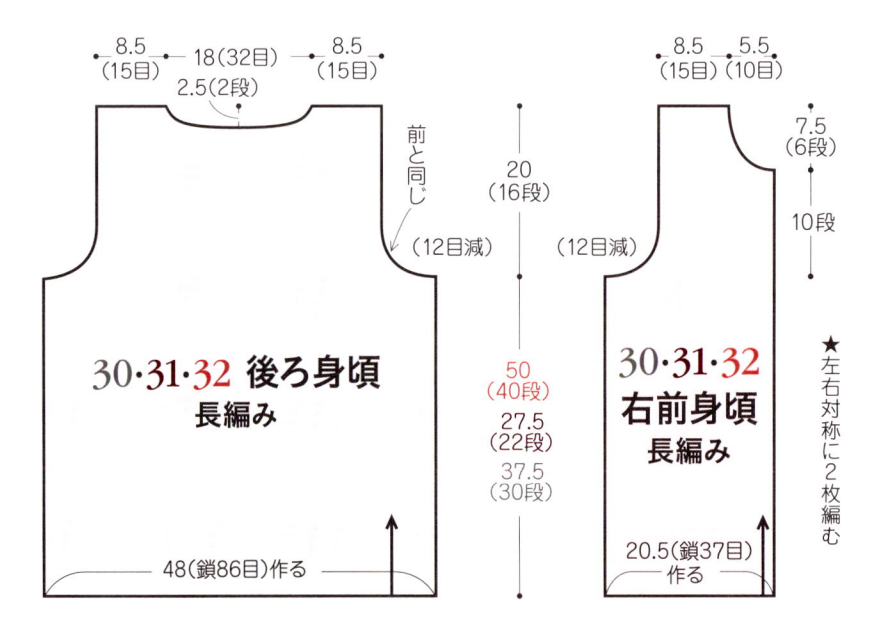

30・31・32 後ろ身頃 長編み

8.5（15目）　18（32目） 2.5（2段）　8.5（15目）
前と同じ
20（16段）
（12目減）
50（40段）
27.5（22段）
37.5（30段）
48（鎖86目）作る

30・31・32 右前身頃 長編み

8.5（15目）　5.5（10目）
7.5（6段）
10段
（12目減）
★左右対称に2枚編む
20.5（鎖37目）作る

■ 文字の灰色は30、あずき色は31、赤色は32、黒は共通です

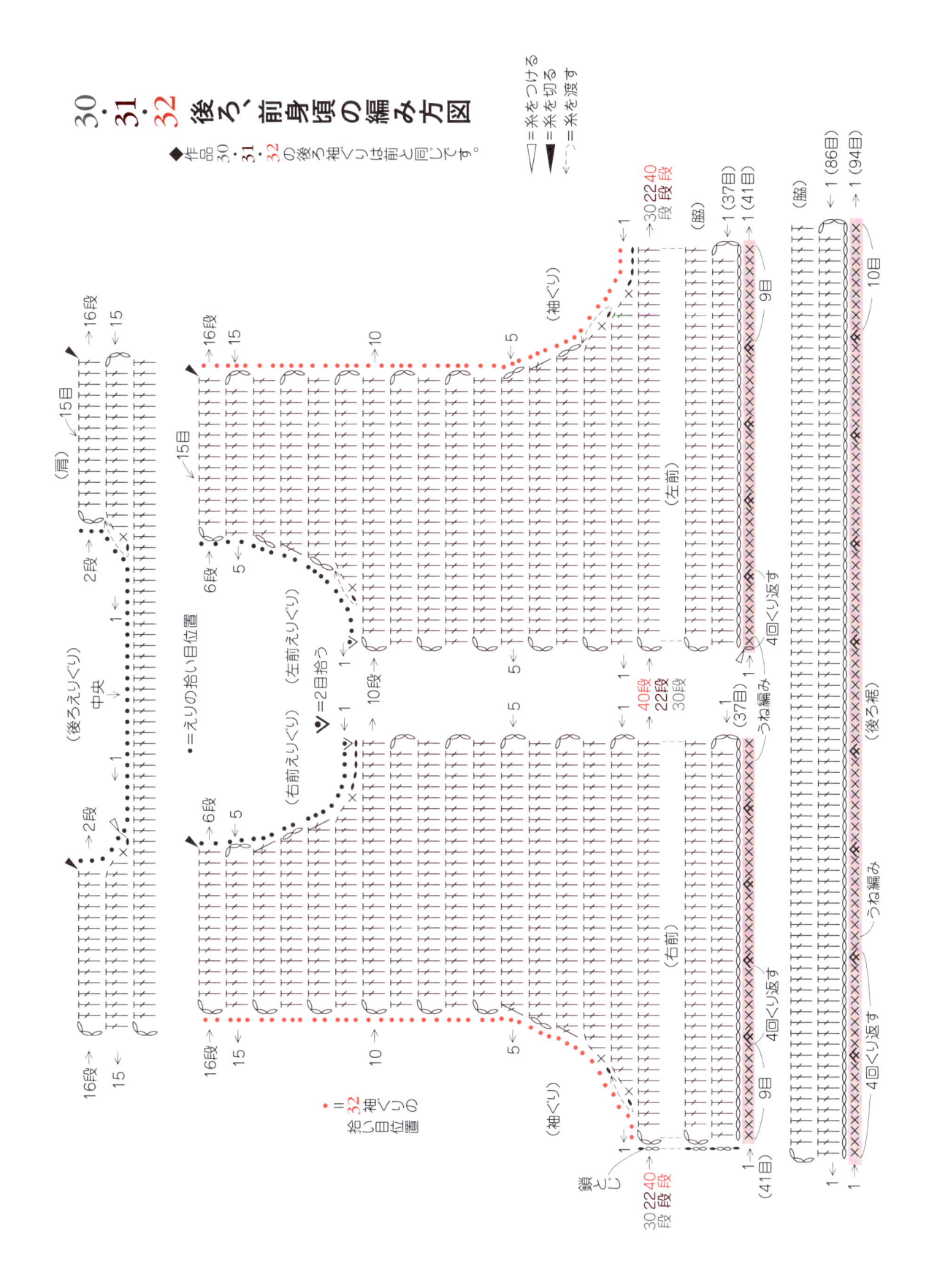

30 裾、前立て、えり うね編み

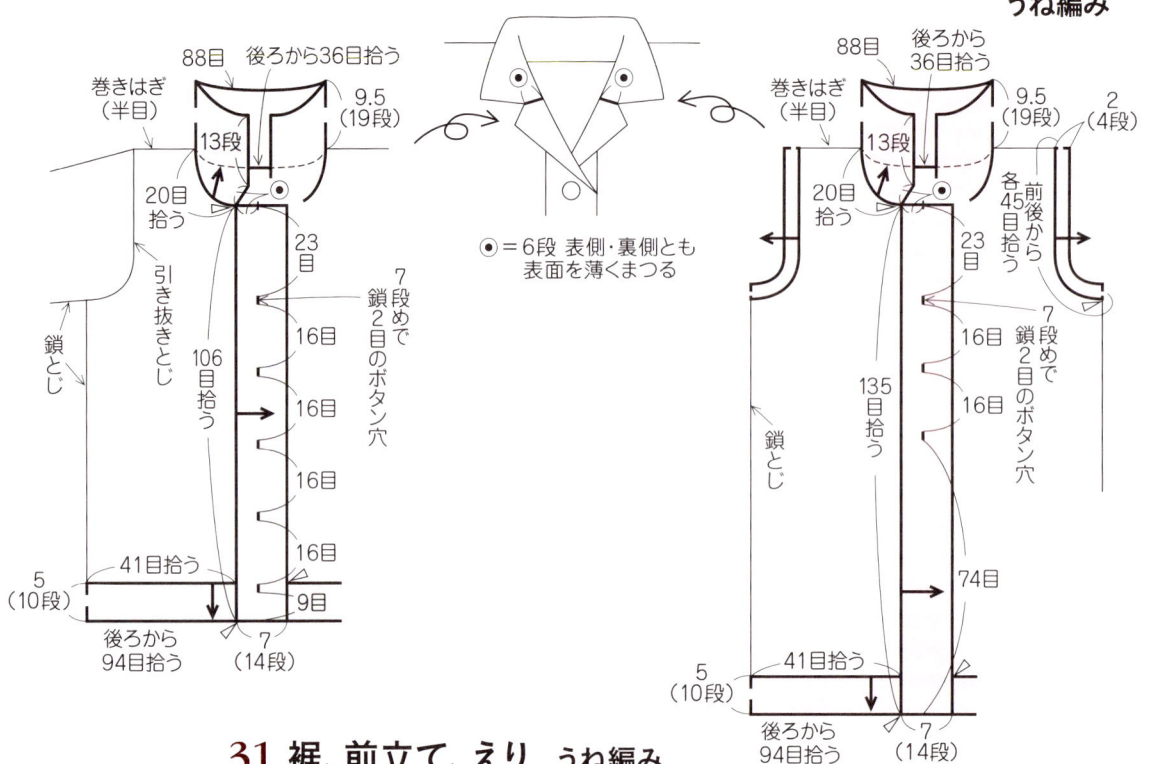

88目
後ろから36目拾う
巻きはぎ（半目）
9.5（19段）
13段
20目拾う
23目
16目
16目
16目
16目
106目拾う
7段めで鎖2目のボタン穴
引き抜きとじ
鎖とじ
5（10段）
41目拾う
9目
後ろから94目拾う
7（14段）

◉=6段 表側・裏側とも表面を薄くまつる

32 裾、前立て、えり、袖ぐり うね編み

88目
後ろから36目拾う
巻きはぎ（半目）
9.5（19段）
2（4段）
13段
20目拾う
23目
前後から各45目拾う
135目拾う
16目
16目
7段めで鎖2目のボタン穴
鎖とじ
74目
5（10段）
41目拾う
後ろから94目拾う
7（14段）

31 裾、前立て、えり うね編み

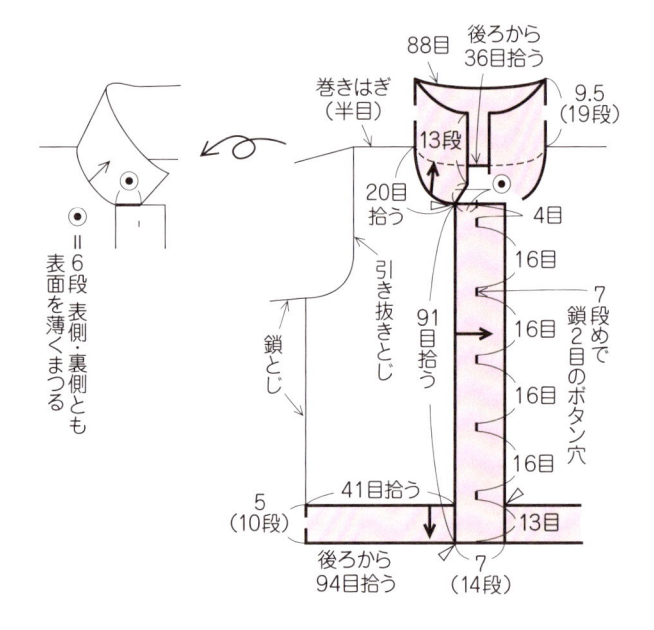

88目
後ろから36目拾う
巻きはぎ（半目）
9.5（19段）
13段
20目拾う
4目
16目
16目
16目
16目
91目拾う
7段めで鎖2目のボタン穴
引き抜きとじ
鎖とじ
5（10段）
41目拾う
13目
後ろから94目拾う
7（14段）

◉=6段 表側・裏側とも表面を薄くまつる

30・31・32 うね編み
（裾、前立て、えり）

×印の編み図
←5
2段1模様
→2
←1

30・31・32 うね編み
（30・31 袖口、32 袖ぐり）

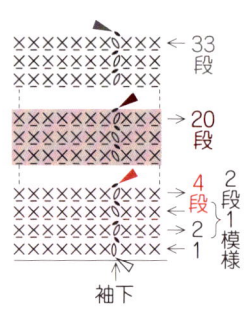

←33段
←20段
4段
2段1模様
→2
←1
袖下

◁=糸をつける
◀=糸を切る

記号の編み方は「編み目記号と基礎」を参照してください

◯=鎖編み　×=細編み　Ⅹ=うね編み　Ⅴ/=細編み2目（増し目）

Ｔ=中長編み　Ｔ=長編み　●=引き抜き編み

■文字の灰色は30、あずき色は31、赤色は32、黒は共通です

30・31・32 えりの編み方図

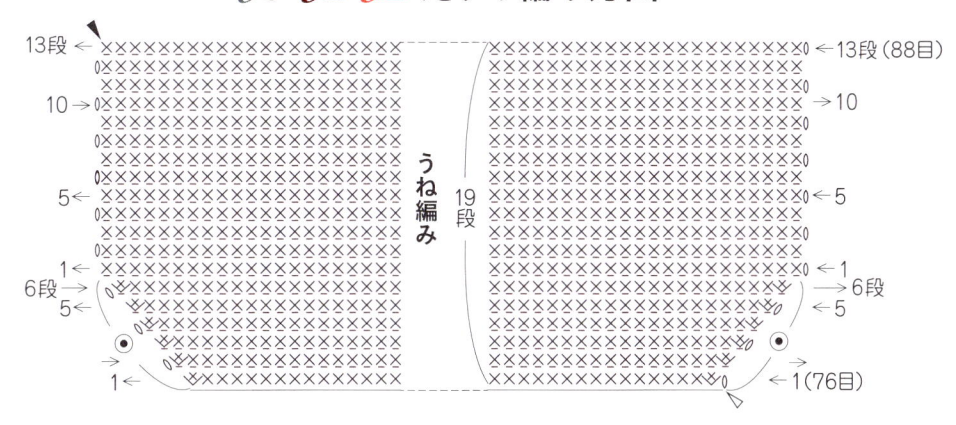

30・31・32 ボタン穴（右前立て）

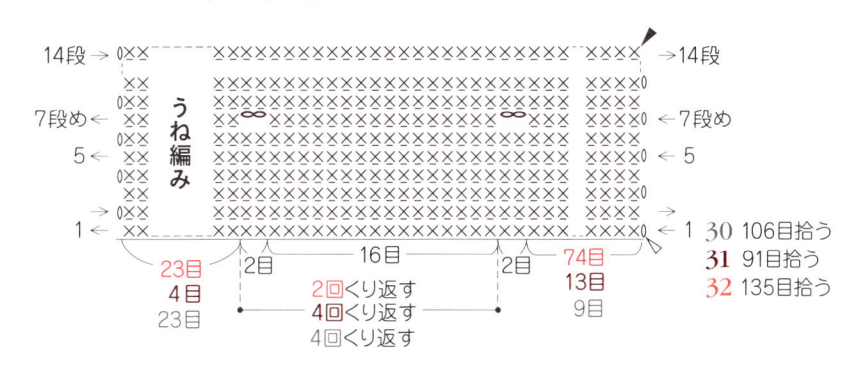

◁＝糸をつける
◀＝糸を切る

30・31・32 前立ての拾い方　・・・＝前立ての拾い目位置

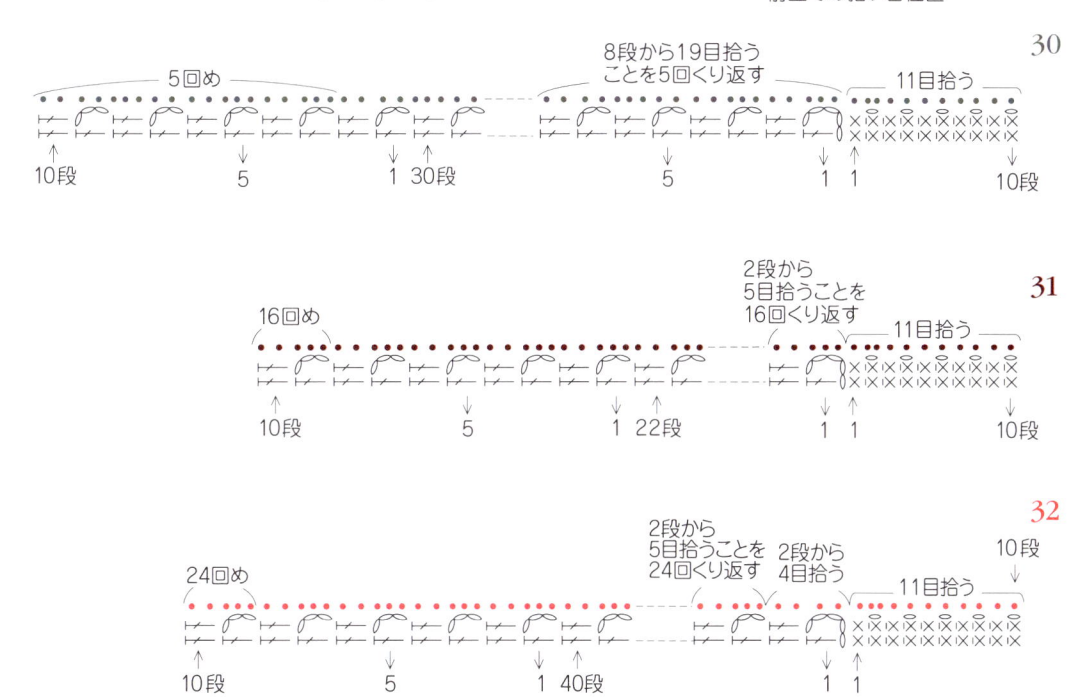

30・31 袖の編み方図

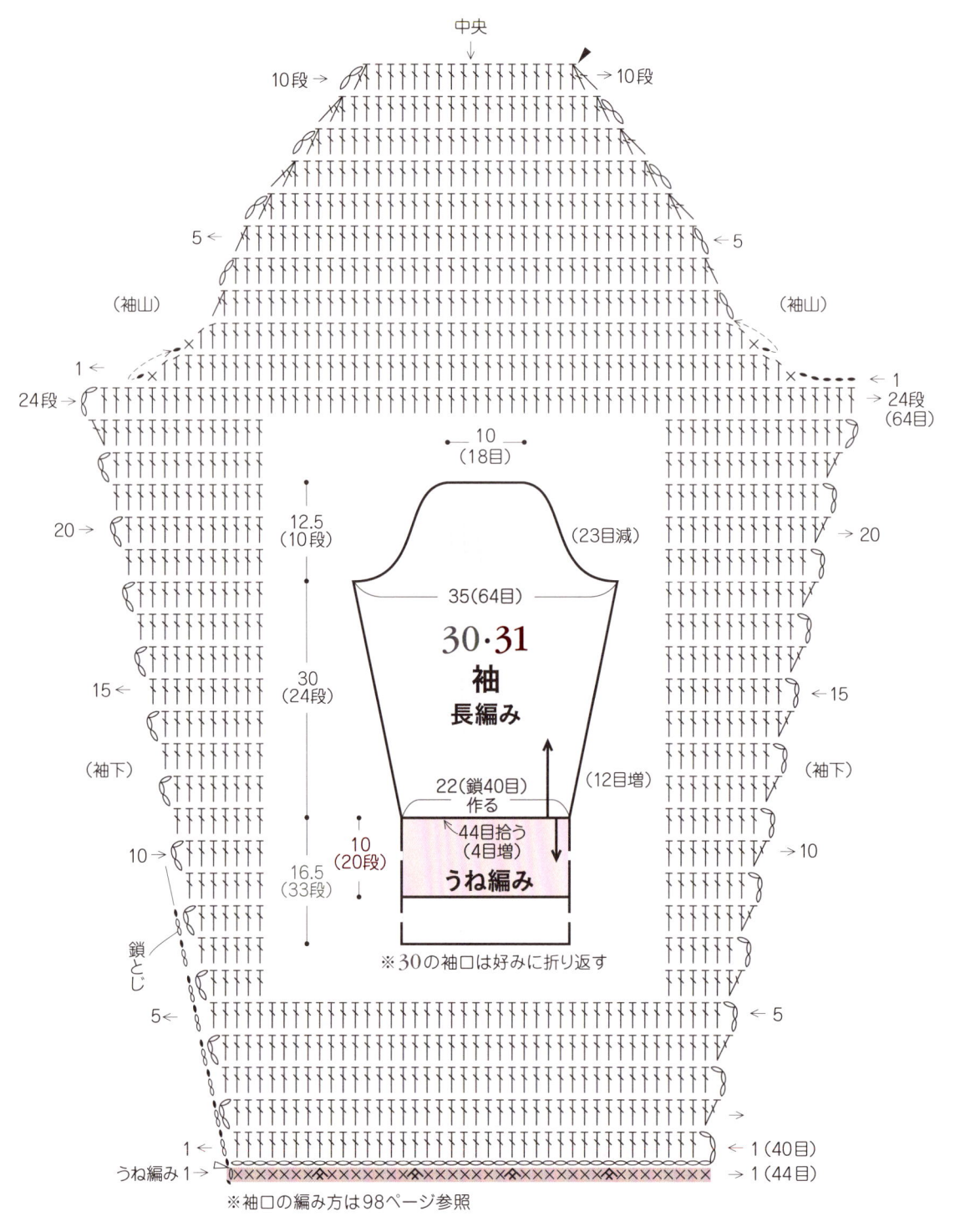

中央

10段→ ← 10段

5← → 5

（袖山） （袖山）

1← ← 1
24段→ 24段
（64目）

← 10
（18目）

20← → 20

12.5
（10段）

（23目減）

35（64目）

30・31
袖
長編み

15← → 15

30
（24段）

（袖下） （袖下）

22（鎖40目）
作る

（12目増）

10← → 10

44目拾う
（4目増）

うね編み

16.5
（33段）

10
（20段）

※30の袖口は好みに折り返す

鎖とじ

5← ← 5

→

1← ← 1（40目）

うね編み1→ → 1（44目）

※袖口の編み方は98ページ参照

⊏ = 糸をつける
◀ = 糸を切る
←--- = 糸を渡す

■文字の灰色は30、**あずき色は31**、黒は共通です

33

34

作品 (33) (34) 46・47ページ

材料と用具 …

糸／**33** ニッケビクター毛糸　ニッケ シルクテイスト（30g巻・約93m…並太タイプ）の461（チャコール）を650g（22玉）

34 ニッケビクター毛糸　ニッケ シャイニーモヘア（40g巻・約128m…並太タイプ）の2309（サーモンピンクラメ入り）を550g（14玉）

針／**33**　6/0号かぎ針

34　5/0号かぎ針

付属品／**33・34** 共通
直径1.3cmのボタンを各7個

ゲージ 10cm四方 …

33・34 共通　A・B模様 24.5目 14段

でき上がり寸法 …

33　胸回り 108cm
着たけ 69cm　ゆきたけ 72.5cm

34　胸回り 108cm
着たけ 56cm　ゆきたけ 72.5cm

編み方要点 …

- ●身頃は鎖編みの作り目をし、A模様とB模様で増減なく編みます。袖つけどまりに糸印をつけます。続けてえりを編みます。前は前あきのため、左右対称に編みます。
- ●袖は身頃と同じ作り目をしてA模様を編み、B模様で袖下を増しながら編みます。
- ●肩は鎖はぎ、えり端はすくいとじ、脇と袖下をそれぞれ鎖とじで合わせます。
- ●前端・えり縁は前端・えりから目を拾い、細編みを編みます。右前端にボタン穴を作ります。
- ●**34**は身頃と同じ作り目をしてポケットを2枚編みます。前身頃の指定位置にまつりつけます。
- ●袖は身頃に鎖とじでつけ、左前端にボタンをつけます。

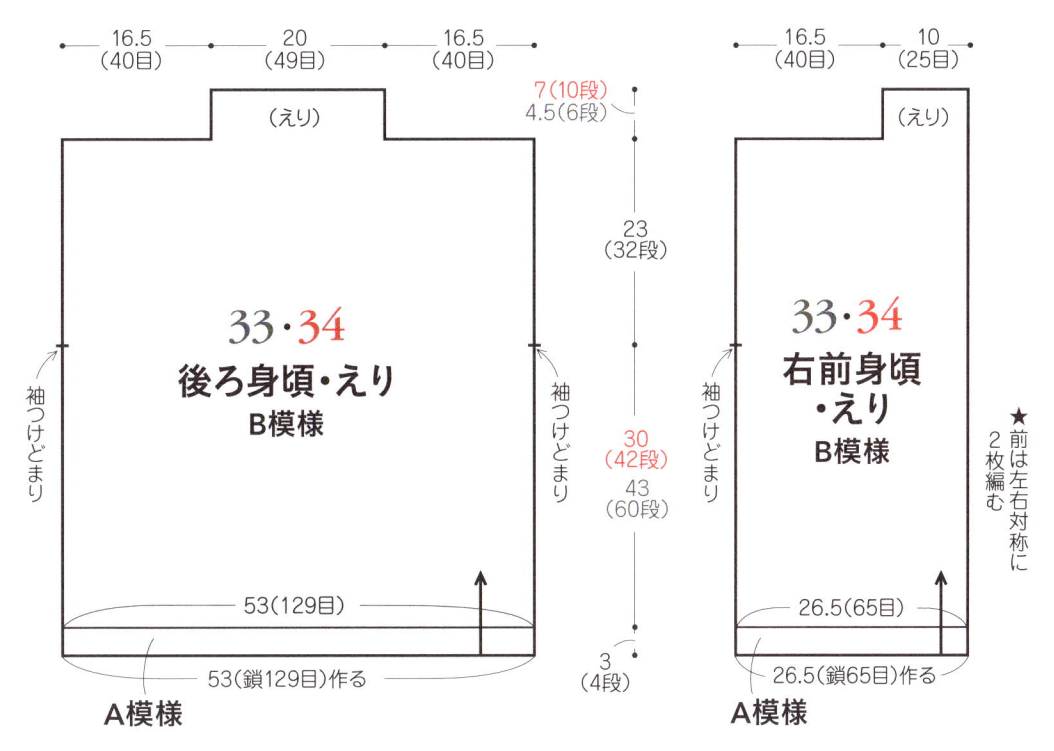

■文字の灰色は**33**、**赤色は34**、黒は共通です

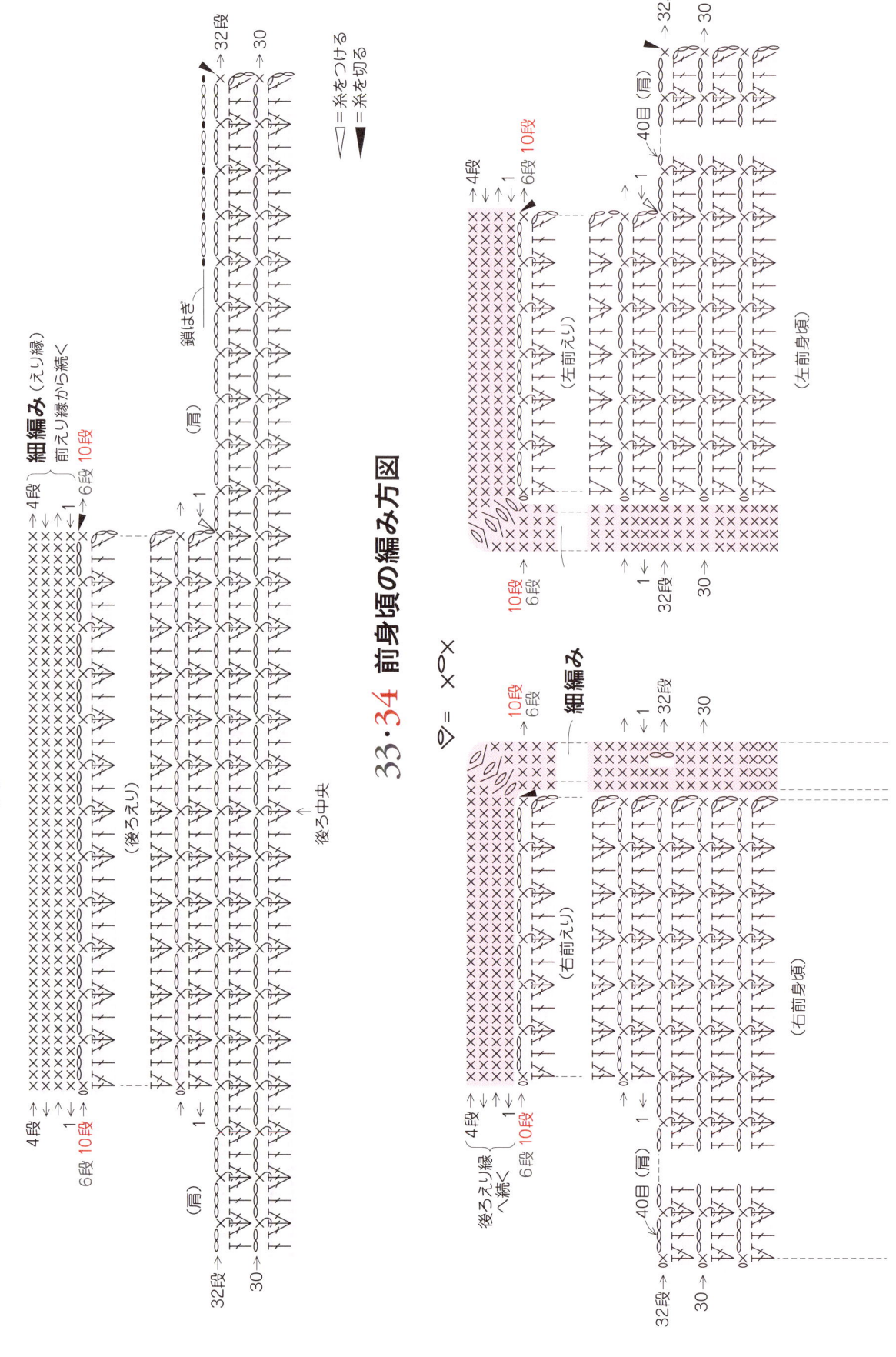

33・34 後ろえりの編み方図

33・34 前身頃の編み方図

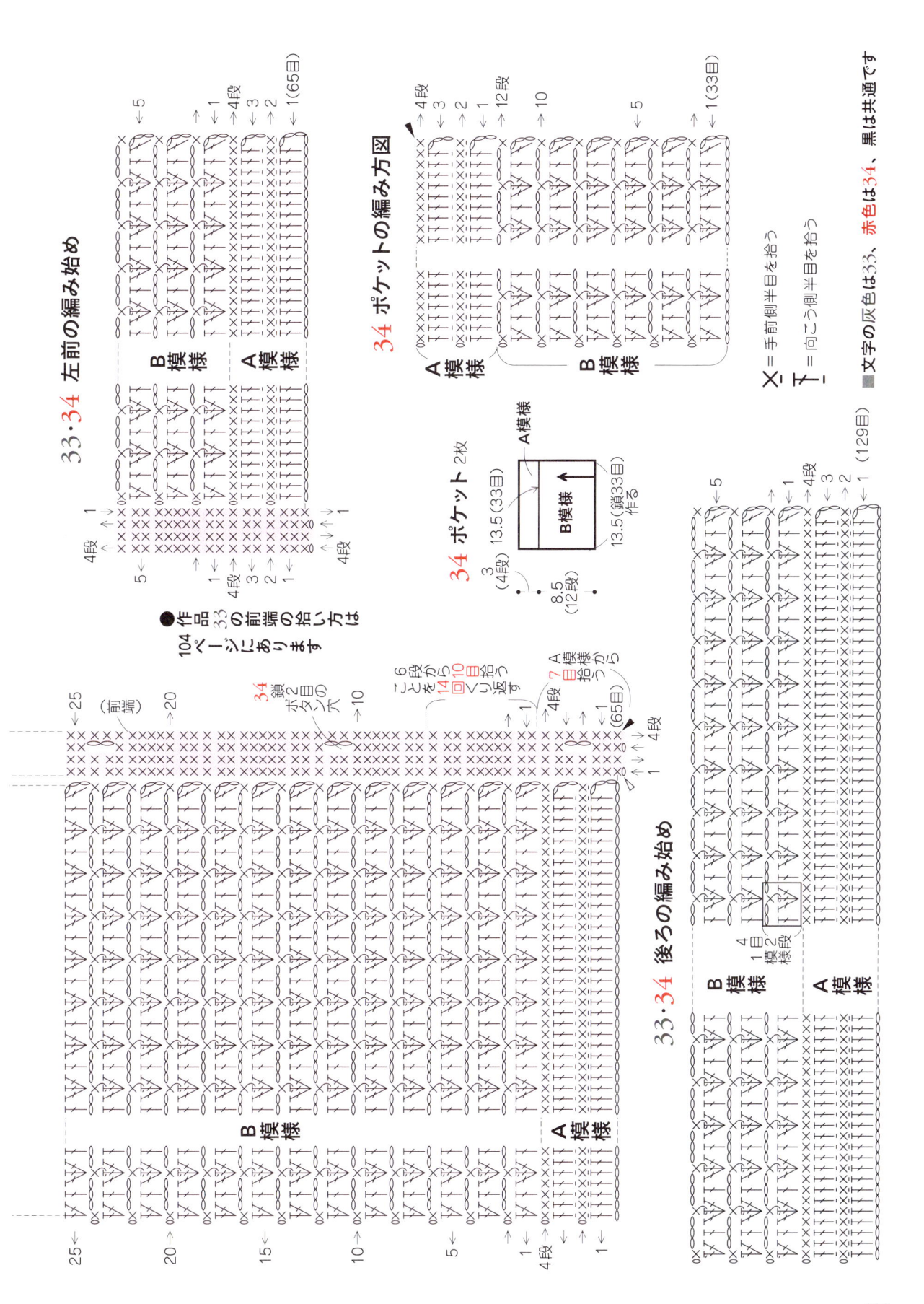

33 前端の目の拾い方

※角の編み方は**34**と同じ

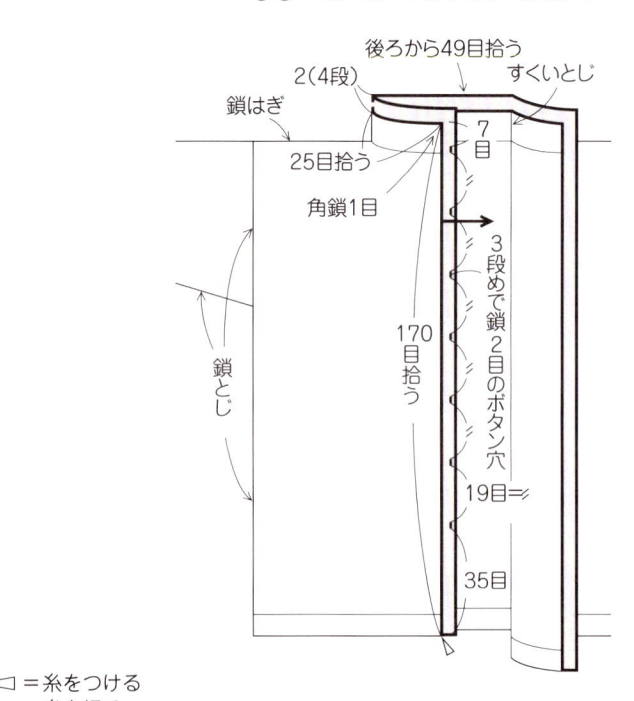

1目から1目拾う
角鎖1目
2段から3目拾う
16回め
6段
5
7目
1
32段
30
25
30
25
19目
20
鎖2目のボタン穴
15
10
35目
5
1
4段
6段から10目拾うことを16回くり返す
7目拾う
1（65目）
7 A模様から目拾う
1 4段

◁ =糸をつける
◀ =糸を切る

33 前端・えり縁 細編み

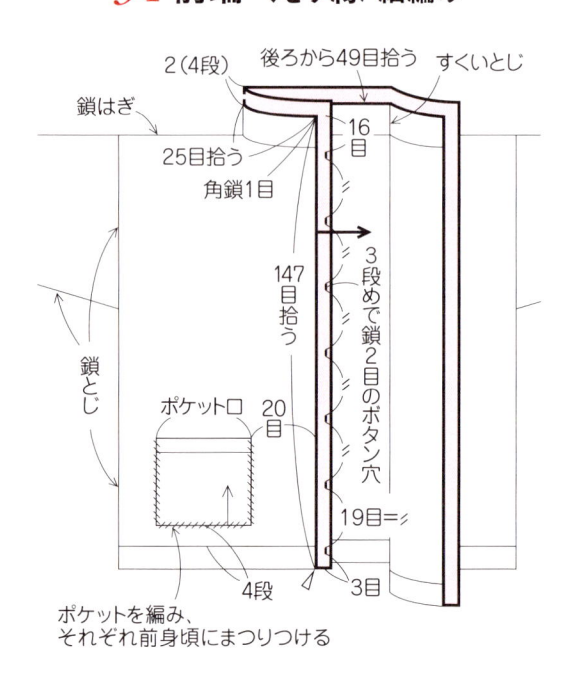

後ろから49目拾う
2（4段）
すくいとじ
鎖はぎ
7目
25目拾う
角鎖1目
3段めで鎖2目のボタン穴
170目拾う
19目
35目
鎖とじ

34 前端・えり縁 細編み

後ろから49目拾う
2（4段）
すくいとじ
鎖はぎ
16目
25目拾う
角鎖1目
3段めで鎖2目のボタン穴
147目拾う
ポケット口
20目
19目
鎖とじ
4段
3目
ポケットを編み、それぞれ前身頃にまつりつける

記号の編み方は「編み目記号と基礎」を参照してください

⬯ =鎖編み　✕ =細編み　⋎ =細編み2目

┬ =長編み　┬ =うね編み（長編み）　⋎ =長編み3目

✕ =表引き上げ編み（細編み）　• =引き抜き編み

■文字の灰色は**33**、赤色は**34**、黒は共通です

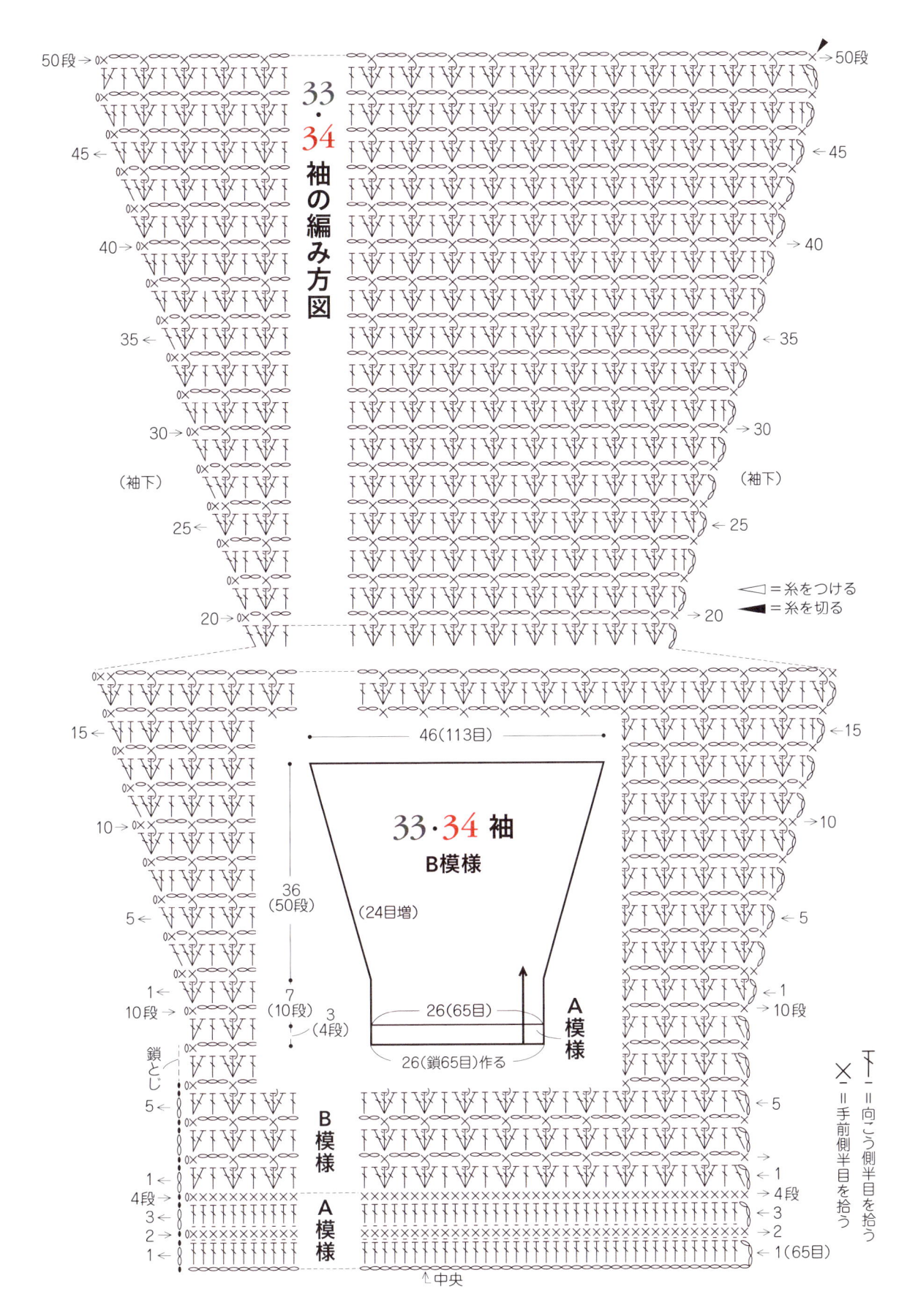

33·34 袖の編み方図

33·34 袖

B模様

（24目増）

A模様

50段
45
40
35
30
（袖下）
25
20
15
10
5
1
10段
鎖とじ
5
B模様
1
4段
3
A模様
2
1

50段
45
40
35
30
（袖下）
25
20
15
10
5
1
10段
5
1
4段
3
2
1（65目）

◁ ＝糸をつける
◀ ＝糸を切る

46（113目）

36
（50段）

7
（10段）
3
（4段）

26（65目）

26（鎖65目）作る

↑中央

↑ ＝向こう側半目を拾う
✕ ＝手前側半目を拾う

編み目記号と基礎
〈かぎ針編み〉 ○○○

○ 鎖編みの作り目

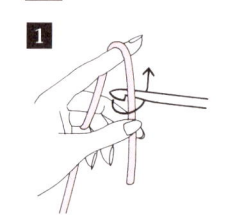 **1**

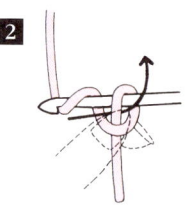 **2**

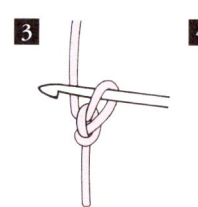 **3**

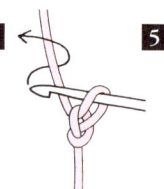 **4**

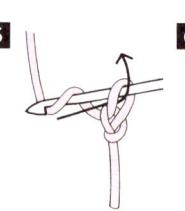 **5**

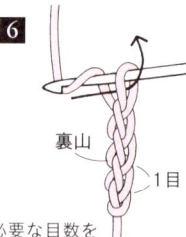 **6**

かぎ針を糸の向こう側におき、6の字を書くように回して、糸輪を作る

糸輪の交差したところを左中指と親指で押さえ、針に糸をかけて引き出す

引き出したら、糸輪をきつく締める（この目は1目と数えない）

矢印のように針に糸をかける

編み糸を引き出す。**4**・**5**をくり返す

必要な目数を編んで作り目にする

裏山 / 1目

糸輪の作り目　●図は細編みの場合。編み目が違っても同様に編む

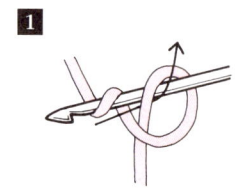 **1**

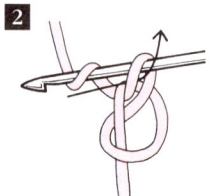 **2**

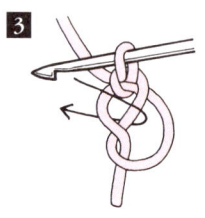 **3**

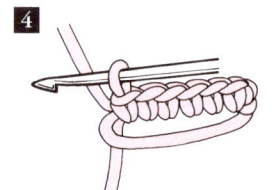 **4**

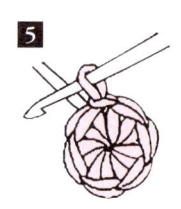 **5**

鎖編みの作り目**1**・**2**と同じ要領で糸輪を作り、針に糸をかけて引き出す

続けて針に糸をかけて引き出し、立ち上がりの鎖1目を編む

矢印のように糸輪の中に針を入れてすくい、1段めの細編みを編む

3をくり返して糸輪の中に細編みを必要目数編み入れる。糸端は糸輪に沿わせ、一緒に編みくるむ

編み始めの糸端を引き、糸輪を引き締める。1目めの細編みの頭に引き抜いて輪にする

作り目からの目の拾い方
●特に指定のない場合は好みの拾い方にする

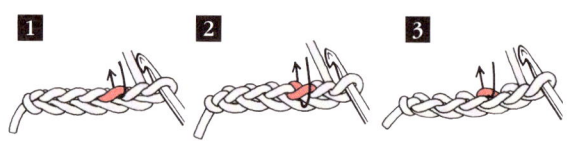 **1** **2** **3**

鎖半目を拾う

鎖半目と裏山を拾う（鎖編みを少しゆるめに編む）

鎖の裏山を拾う（鎖編みを少しゆるめに編む）

✕ 細編み

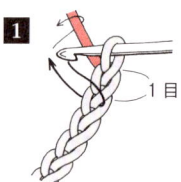 **1**

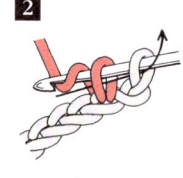 **2**

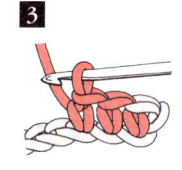 **3**

1目

立ち上がりの鎖1目をとばした次の目に針を入れ、糸をかけて引き出す

もう一度針に糸をかけ、針にかかっている2ループを一度に引き抜く

以上をくり返して、必要目数を編む

⊤ 中長編み

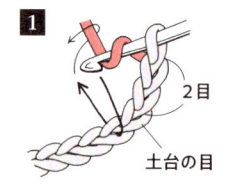 **1**

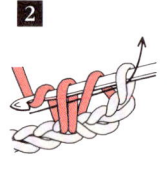 **2**

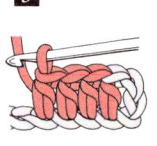 **3**

2目 / 土台の目

立ち上がりの鎖2目と土台の1目をとばした次の目に、糸をかけた針を矢印のように入れ、針に糸をかけて引き出す

もう一度針に糸をかけ、針にかかっている3ループを一度に引き抜く

以上をくり返して、必要目数を編む

⊤ 長編み

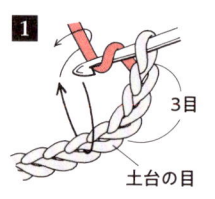 **1**

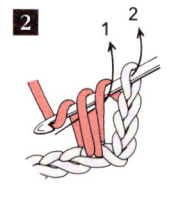 **2**

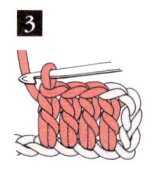 **3**

3目 / 土台の目

1 2

立ち上がりの鎖3目と土台の1目をとばした次の目に、糸をかけた針を矢印のように入れ、再び針に糸をかけて引き出す

もう一度針に糸をかけ、針にかかっている2ループを引き抜く。2ループずつ引き抜くことを2回くり返す

以上をくり返して、必要目数を編む

長々編み

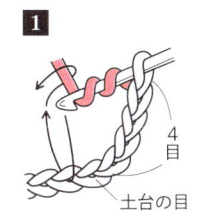

1 立ち上がりの鎖の目4目と土台の1目をとばした次の目に、糸を2回かけた針を矢印のように入れ、針に糸をかけて引き出す

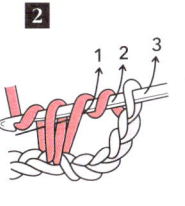

2 もう一度針に糸をかけて、2ループずつ引き抜くことを3回くり返す

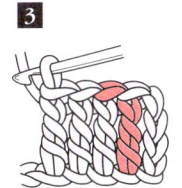

3 以上をくり返して、必要目数を編む

長編み3目の玉編み ●目数が変わっても同じ要領で編む

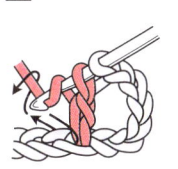

1 長編みの最後の引き抜きをしない未完成の長編みを同じ目に3目編む

2 針に糸をかけて、4ループを一度に引き抜く

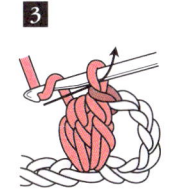

3 長編み3目の玉編みが編めたところ

方眼編み

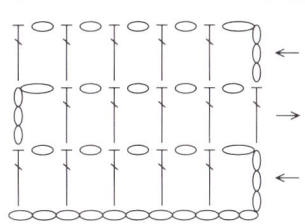

長編みと鎖編みを組み合わせて構成した模様編み

細編み

かぎ針の基本の編み目の1つです。細編みの立ち上がりは鎖1目。縁編みなどに多く使われます。

うね編み・すじ編み

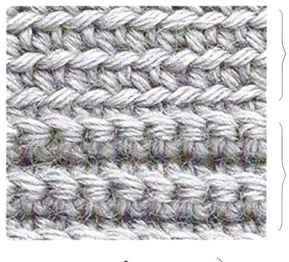

すじ編み
うね編み

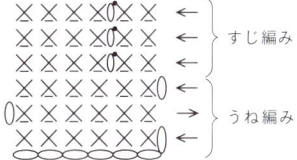

すじ編み
うね編み

記号は同じです。うね編みは往復編みに、すじ編みは一方向に編むことで編み目が異なります。どちらも細編みで向こう側の半目をすくって編みます。

中長編み

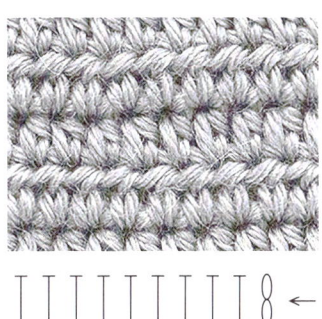

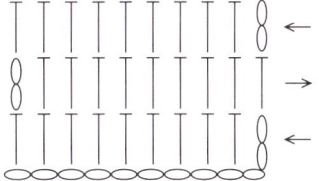

基本の編み目の1つです。立ち上がりは鎖2目

ネット編み

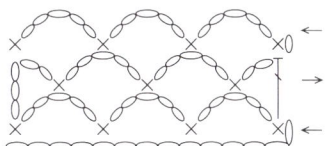

細編みと鎖編みを組み合わせて構成した模様編み（鎖の数は自由に）

長編み

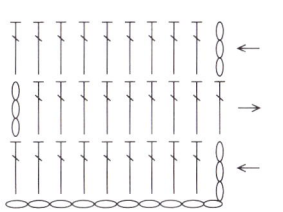

基本の編み目の1つです。立ち上がりは鎖3目

長編み2目一度 ●減らす目数が増えても同じ要領で編む

〈左側〉

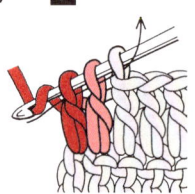

前段左端から2目残すところまで編む。針に糸をかけて次の目を拾い、2ループを1回引き抜く。さらに左端の目も同様にして編むと3ループが残る

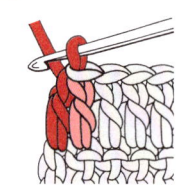

針に糸をかけ、3ループを一度に引き抜く。1目が減ったところ

〈右側〉

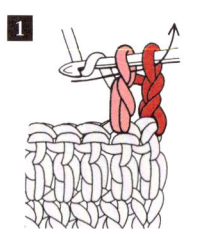

前段が編めたら編み地の向きをかえ、鎖2目（もしくは3目）で立ち上がる。長編み 2 の要領で編む

2目一度になり、1目が減ったところ

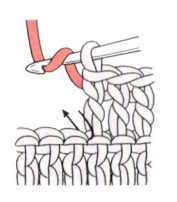 長編み2目（増し目）
●目数が増えても同じ要領で編む

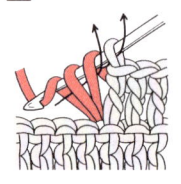

長編みを1目編んだら針に糸をかけ、もう一度同じ目に手前側から針を入れる

糸を引き出し、長編みをもう1目編む

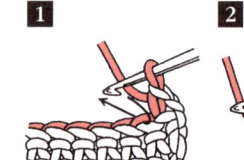 うね編みとすじ編み ●図は細編み。長編みの場合も同じ要領

●うね編み   ●すじ編み

前段の向こう側半目をすくう。うね編みとすじ編みは記号が同じですが、うね編みは往復編み、すじ編みは一方向（輪）に編む

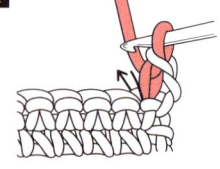 細編み2目（増し目）
●目数が増えても同じ要領で編む

前段の1目に細編みを2目編み入れ、目を増す

1目が増えたところ

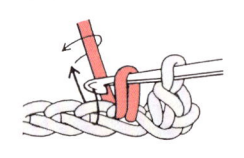 細編み2目一度 ●目数が増えても同じ要領で編む

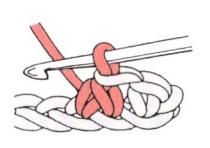

前段から1目ずつ2回糸を引き出す

針に糸をかけて、針にかかっている3ループを一度に引き抜く

細編み2目一度が編めたところ

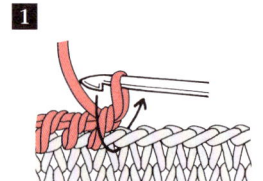 バック細編み

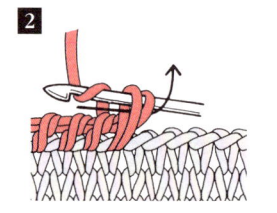

左から右へ編む。前段に矢印のように針を入れる

糸を引き出し、針に糸をかけて2ループを一度に引き抜く

 細編み3目一度

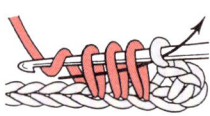

前段から1目ずつ3回糸を引き出す

針にかかっている4ループを一度に引き抜く

細編み3目一度が編めたところ

⊞ パプコーン編み

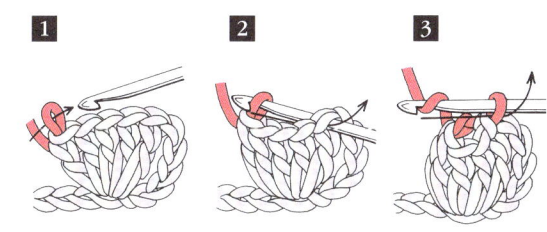

1 指定の目数分の長編みを編んで針をはずす

2 最初の目の上部に手前から針を入れ、はずした目を引き抜く

3 鎖1目を編んででき上がり

⑰ 鎖3目のピコット編み

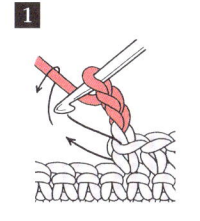 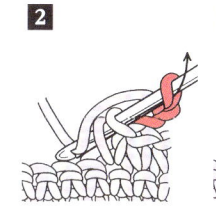

1 ピコットをする位置で鎖3目を編み、矢印のように針を入れる

2 針に糸をかけて一度に引き抜くと、丸いこぶができる

3 指定の間隔でピコットをくり返す

⮑ 表引き上げ編み
● 図は長編み。編み目が変わっても同じ要領

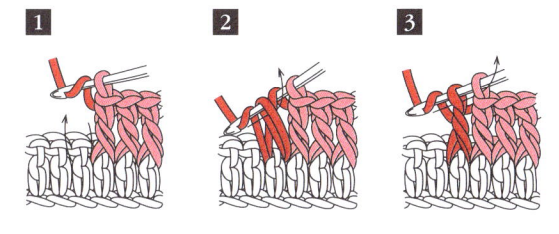

1 **2** **3**

針に糸をかけ、前段の編み目に手前から針を入れて横にすくい、糸を長めに引き出す。針に糸をかけて2ループを引き抜き、もう一度針に糸をかけて2ループを引き抜く

⮑ 裏引き上げ編み
● 図は長編み。編み目が変わっても同じ要領

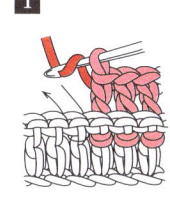 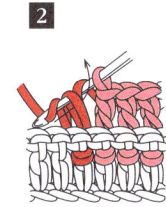 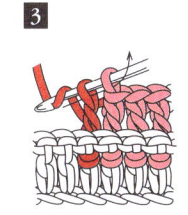

1 **2** **3**

針に糸をかけ、前段の編み目に向こう側から針を入れて横にすくい、糸を長めに引き出す。針に糸をかけて2ループを引き抜き、もう一度針に糸をかけて2ループを引き抜く

巻きはぎ（巻きかがる）

[1目]　　　　　[半目]

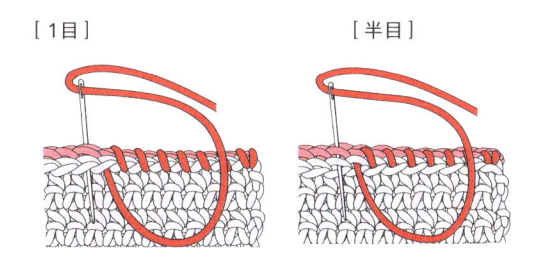

前側と向こう側の目（作品により、1目か半目）をすくうことをくり返す

● 引き抜き編み

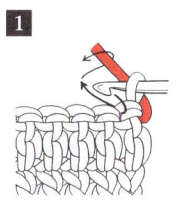 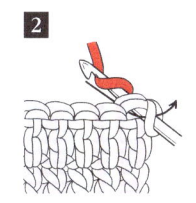 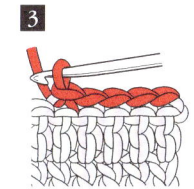

1 立ち上がりの鎖の目はありません。編み終わりの目に針を入れる

2 針に糸をかけ、一度に引き抜く

3 以上をくり返す

巻きとじ

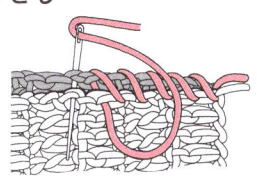

2枚の編み地を中表に合わせ、編み目をそろえる。針を向こう側から手前に出し、長編みの中間と頭の目を交互に、編み地がずれないように注意しながらとじる

配色糸のかえ方

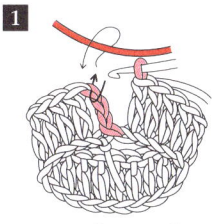 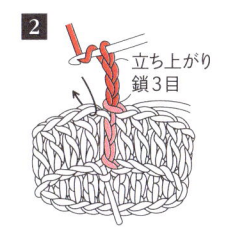 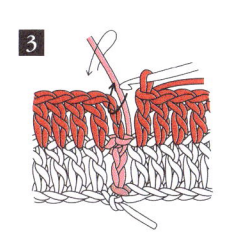

1 **2** 立ち上がり鎖3目 **3**

長編み最後の引き抜きをするときに配色糸にかえて引き抜き、次の段の立ち上がり鎖3目を編む。地糸に戻すときは休めておいた糸を持ち上げて地糸で引き抜く

すくいとじ ●すくいはぎは目と目をはぐ

1

2

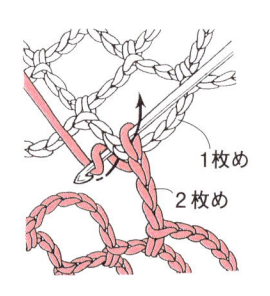

2枚の編み地を外表に突き合わせ、端の目をとじ分とする。端の1目の中間と頭を交互にすくって糸を引き、段がずれないように注意してとじる

鎖とじ

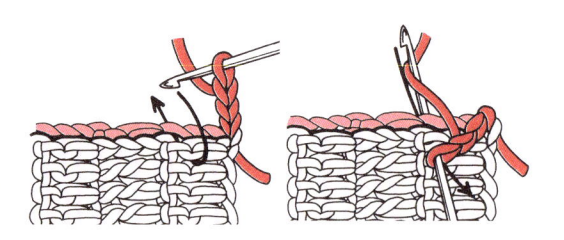

編み地を中表に合わせ、鎖3目（作品によって調整する）を編んでは引き抜き（もしくは細編み）編みをくり返す

モチーフのつなぎ方

● 引き抜き編みでつなぐ場合

1枚めのモチーフを編む。2枚めは指定位置で1枚めに上から針を入れ、引き抜き編みをきつめに編む。次の目からは図のとおりに編み進む

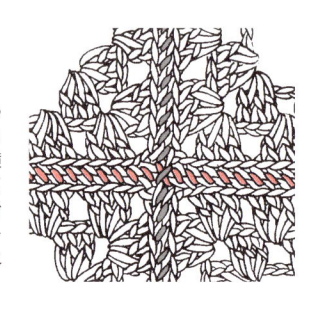

1枚め

2枚め

● 巻きはぎでつなぐ場合

モチーフどうしを突き合わせ、向かい合った目をすくってひと針ごとに糸を引く。横方向を全部つなぎ、次にたて方向をつなぐ。すべて同色でつなぐ場合は、4枚のモチーフ中央は図のように針を入れると穴があかずによい

←--| 糸を渡す

1

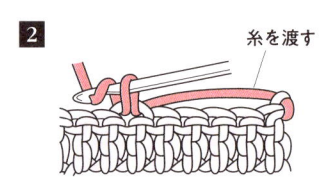

2

糸を渡す

編み終わりのループに糸玉を通し、糸玉を引いてループを引き締める。糸を渡して次の段を編む

記号の見方
（目を割る・束に拾う）

● 根元がついている場合

 =

前段の鎖の目を割って針を入れて編む

● 根元が離れている場合

 =

前段の鎖の目を割らずにループ全体を束（そく）に拾って編む

ボタンのつけ方

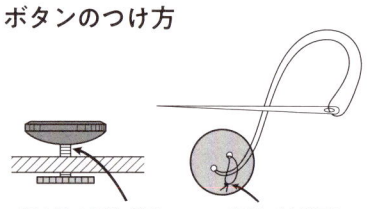

編み地の厚さだけ足をつける

裏側で結び目に通してとめる

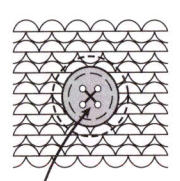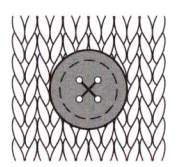

表のボタンより少し小さめのボタンかプラスチックボタンを裏にあてる

あらい編み目のニットは、編み地の糸が引っぱられやすいので、裏に力ボタンをあてたボタンのつけ方が、しっかりきれいにつきます。表側のボタンの裏側は作品の編み地の厚さ分だけ、糸で巻いて足をつけるようにします。また、薄手のものや、編み地のややきつめのものでしたら、力ボタンをつけなくてもよいでしょう。ボタンつけ位置の編み地1目分をすくい、足を同じようにつけます。

〈棒針編み〉

◻ 表目

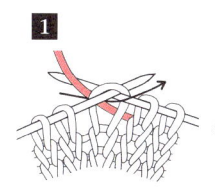

1 編み糸を向こう側において左針の目に右針を手前から入れ、右針の先に糸を下から上にかける

2 左針の目のループの中から編み糸を手前に引き出す

3 引き出したループは右針に移り、左針の目をはずしてできた編み目が表目になる

─ 裏目

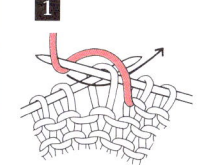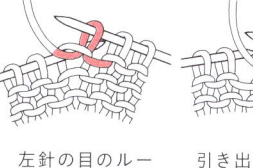

1 編み糸を手前において左針の目に右針を向こう側から入れ、右針の先に糸を上から下にかける

2 左針の目のループの中から編み糸を向こう側に引き出す

3 引き出したループは右針に移り、左針の目をはずしてできた編み目が裏目になる

⟋ 右上2目一度（裏目）

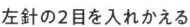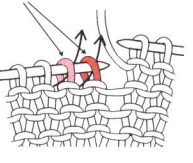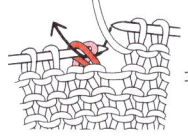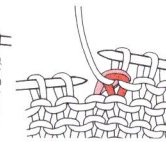

左針の2目を入れかえる

1 矢印のように針を入れて右針に目を移す。右側から左針を入れて2目を一度に移す

2 2目を一度に裏目で編む

3 糸を引き出すと右針に移り、右の目が左の目の上に重なる

◯ かけ目

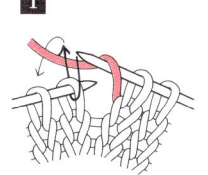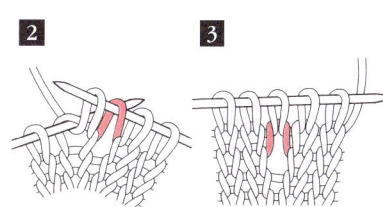

1 右針に手前から糸をかけ（かけ目）、かけた糸を右人さし指で押さえて、次の目に右針を入れる

2 表目で編む

3 次の段で針にかけた目を裏目で編むと、穴があく

1目ゴム編みどめ

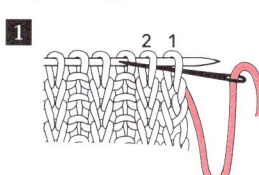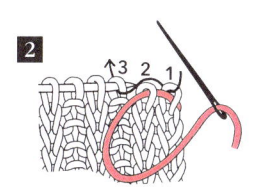

1 端の1と2の表目2目に向こう側からとじ針を入れる

2 次に手前から1と3の目に矢印のように針を入れる

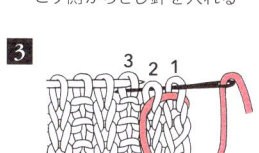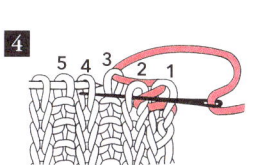

3 針を入れたところ

4 2の目にもどって手前から針を入れ、次に4の表目に向こう側から針を入れる

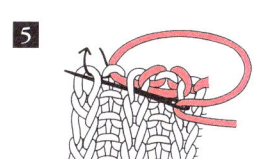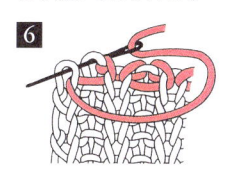

5 表どうし針を手前から入れて手前に出し、裏どうしを向こうから入れて向こうに出すことをくり返す

6 編み終わりは、向こう側からもう一度2目にとじ針を入れて、とめ終わる

輪の1目ゴム編みどめ

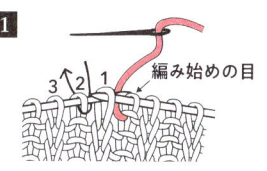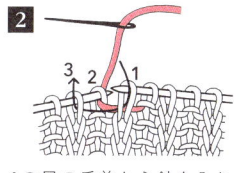

1 右の棒針に1の目を移し、2の目に手前側からとじ針を入れる

2 1の目の手前から針を入れ、2の目をとばして3の目の向こう側から手前に針を出す

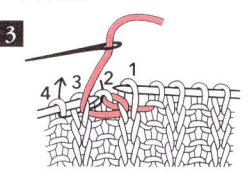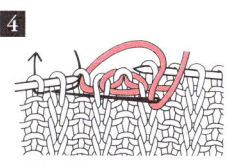

3 とばした2の目に向こう側から針を入れ、4の目の手前から向こう側に針を出す

4 ■2・■3をくり返す

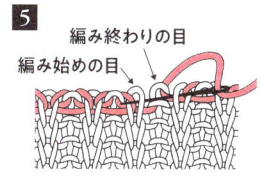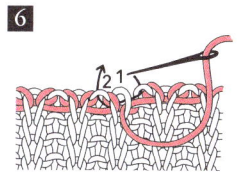

5 1周して、とめ終わりは最初の表目に針を入れる

6 編み終わりの目と2の裏目に針を入れて、とめ終わる

● カバー
デザイン／柿沼みさと

● 本文
デザイン／柿沼みさと
撮　影／伊藤ゆうじ　澤﨑信孝
　　　　関根明生　本間伸彦
モデル／朝比奈ニコラ　植田紗々
　　　　Emilia　Kanoco
　　　　茅乃えれな　ケリー タケナカ
　　　　サンドバーグ直美
　　　　シミズ マイラ　福士マリ
　　　　マリー クレア

● 企画・編集
荷見弘子　丸尾利美

● 編集担当
尾形和華（成美堂出版編集部）

本書は、先に発行の「手編み大好き!」
の中から特に好評だった作品を再編集
した一冊です。

やさしく編んで、おしゃれを楽しむ かぎ針編みの素敵ニット

編　者　成美堂出版編集部
発行者　深見公子
発行所　成美堂出版
　　　　〒162-8445　東京都新宿区新小川町1-7
　　　　電話(03)5206-8151 FAX(03)5206-8159
印　刷　大日本印刷株式会社